분야별로 익히고 품사별로 정리하는

TOEIC 영단어

품사별로 익히고 품사별로 정리하는

TOEIC 영단어

초판 1쇄 인쇄 | 2013년 02월 06일
초판 1쇄 발행 | 2013년 02월 12일
편저자 | JB 어학연구소
발행처 | 도서출판 새희망
발행인 | 조병훈
등록번호 | 제38-2003-00076호
주소 | 서울시 동대문구 제기동 1157-3
전화 | 02-923-6718 **팩스** | 02-923-6719
ISBN 978-89-90811-44-8 10740

■ 정가는 뒤표지에 있습니다.

분야별로
익히고

품사별로
정리하는

TOEIC
영단어

JB 어학연구소 편저

새희망

장문의 독해 문제와 긴 선택 지문이 많이 늘었다는 점이 NEW TOEIC의 두드러진 경향 중의 하나입니다. 그래서 토익에서 고득점을 얻기 위해서는 어휘력 확장이 필수적이라고 할 수 있습니다. 그러면 높은 어휘력을 가지기 위해서는 어떻게 해야 할까요? 어휘에 대한 접근 방법은 다양하게 존재할 수 있지만 어떤 접근 방법도 3가지 구성 요소를 갖추고 있어야 한다고 생각합니다. 3가지 구성 요소란 반복 효과, 연상 효과, 각인 효과를 말합니다.

반복 효과란 반복을 통해서 기억의 시간을 누진적으로 늘려 나가는 효과입니다. 연상 효과란 하나의 단어를 연상을 통하여 여러 단어들과 연관시켜 기억의 강도를 높이는 효과입니다. 각인 효과란 한 단어를 어떤 명확한 이미지와 연관시켜 각인시키는 효과입니다.

"분야별로 익히고 품사별로 정리하는 TOEIC 영단어"는 이런 3가지 구성 요소를 고루 갖추기 위해 노력하였습니다. 연상 효과를 위하여 하나의 주제 아래에서 연상되는 단어를 정리함으로써 머릿속에서 그림을 그리며 효율적으로 기억할 수 있도록 하였습니다. 각인 효과를 위하여 단어의 뜻만으로는 명확하게 각인되지 않는 단어들은 짧은 어구를 통하여 각인되도록 하였습니다. 긴 예문의 제시가 자칫 각인 효과를 저하시킬 수 있다는 점을 고려하였습니다. 반복 효과를 위하여 언제 어디서나 생각날 때마다 찾아볼 수 있게 휴대가 가능한 크기로 만들어 반복 학습이 용이하도록 하였습니다.

이 책의 특징을 정리하면 다음과 같습니다.

1. 분야별로 단어를 정리
정치, 경제, 사회, 문화 등 분야별로 단어를 정리하여 독자의 연상 작용을 통해 효율적으로 단어를 암기할 수 있도록 하였습니다.

2. 품사별로 단어를 정리
분야별 외에 토익에 자주 등장하는 단어들을 품사별로 정리, 특히 쉬운 단어이지만 품사에 따라 의외의 뜻을 가진 단어를 정리하는 데 도움이 되도록 하였습니다.

3. 예문은 긴 문장이 아닌 간략한 문구
긴 문장을 통해 애매한 뜻의 단어를 기억하기에는 집중력 저하라는 문제가 발생할 수 있으므로 간략한 문구를 통해 단어의 뜻이 각인되도록 하였습니다.

4. 각 단어에 난이도 표시
단어별로 난이도를 표시하여(★ : 고급, ★★ : 중급, ★★★ : 초급) 독자들이 3,000여 개 가까운 단어를 암기하는 데 집중의 강약을 줄 수 있도록 하였습니다.

차 례 c o n t e n t s

contents

NEW
TOEIC
VOCABULARY

PART >> 1

분야별

New
Toeic
Vocabulary

01 국가와 정치

1. 국가와 국민

★★★
☑ state
[stéit]
명 국가, 나라, 국토

❙ a welfare state 복지 국가

★★★
☑ nation
[néiʃən]
명 국민, 국가, 민족

★★★
☑ national
[nǽʃənl]
형 국가의, 국민의

❙ the national flag of Korea 한국 국기

★★★
☑ nationality
[nǽʃənǽləti]
명 국적, 국민임, 국민성

★
☑ homogeneous
[hòumədʒíːniəs]
형 동질의, 동종의

❙ a homogeneous nation 단일 민족 국가

★
☑ grass roots
[grǽsrúːts]
명 일반 대중, 풀뿌리

★★★
◪ **sovereign** [형] 주권을 가진 [명] 주권자
[sɑ́vərən]
▮ a sovereign state 자주 국가

★★
◪ **sovereignty** [명] 주권, 통치권, 독립국
[sɑ́vərənti]

★★★
◪ **territory** [명] 국토, 영토
[térətɔ̀:ri]
▮ territorial air 영공
▮ territorial waters 영해

★★★
◪ **anthem** [명] 성가, 찬송가
[ǽnθəm]
▮ the national anthem 국가

★★★
◪ **patriot** [명] 애국자
[péitriət]
▮ patriotism 애국주의

★★★
◪ **colony** [명] 식민지
[kɑ́ləni]

★★★
◪ **independence** [명] 독립, 자주
[ìndipéndəns]

★
☑ **secession** 　　　　몡 분리, 탈퇴
[siséʃən]

▮ secessionist 분리주의자

★★
☑ **annex** 　　　　툉 합병하다
[ənéks]

▮ annex the small island 작은 섬을 합병하다

★★
☑ **confederation** 　　　　몡 연합, 동맹, 연합국
[kənfèdəréiʃən]

★★
☑ **federation** 　　　　몡 연합, 동맹, 연방 정부
[fèdəréiʃən]

★★★
☑ **kingdom** 　　　　몡 왕국, 왕토
[kíŋdəm]

▮ the United Kingdom 영국(U.K.)

★★★
☑ **royal** 　　　　혱 왕의, 왕실의
[rɔ́iəl]

★★★
☑ **republic** 　　　　몡 공화국
[ripʌ́blik]

▮ the Republic of Korea 대한민국

★★★
☑ race   명 인종, 민족
[réis]

▌ the white race 백인종
▌ a race problem 인종 문제

★★★
☑ tribe   명 부족, 종족
[tráib]

▌ a pastoral tribe 유목 부족

2. 정권

★★
☑ regime   명 정권, 체제, 통치 방식
[rəʒíːm]

▌ a military regime 군사 정권

★★★
☑ rule   명 지배, 통치   동 통치하다
[rúːl]

▌ under the rule of a dictator 독재자의 지배하에

★★
☑ monarchy   명 군주 정치, 군주제, 군주국
[mánərki]

▌ a constitutional monarchy 입헌 군주국

★★★
democratic
[dèməkrǽtik]

형 민주주의의, 민주적인

┃ a democratic republic 민주 공화국

★★★
communist
[kámjunist]

명 공산주의자

┃ a communist nation 공산주의 국가

★★
dictator
[díkteitər]

명 독재자, 절대 권력자

┃ dictatorship 독재 정권

★
martial law
[má:rʃəl lɔ́:]

명 계엄령

★★★
demonstration
[dèmənstréiʃən]

명 시위 운동, 데모

┃ an antiwar demonstration 반전 데모
┃ an antigovernment demonstration 반정부 데모

★★
picket
[píkit]

명 피킷, 데모 대원

★
crackdown
[krǽkdàun]

명 단속, 탄압

★
☑ **turmoil**
[tə́:rmɔil]
명 혼란, 소란

┃ a political turmoil 정치적 혼란

★★★
☑ **riot**
[ráiət]
명 폭동, 소요, 소동

┃ raise a riot 폭동을 일으키다

★
☑ **dissident**
[dísədənt]
명 반체제자

★★
☑ **exile**
[égzail]
명 망명자, 국외 추방

3. 정당과 정치

★★★
☑ **party**
[pá:rti]
명 정당, 당, 당파

┃ join[leave] a party 입당[탈당]하다

★★★
☑ **platform**
[plǽtfɔ:rm]
명 정강, 강령

★★★
☑ **ruling party**   똉 여당
[rú:liŋ pá:rti]

┃ a majority party 다수당

★★★
☑ **opposition party**   똉 야당
[àpəzíʃən pá:rti]

┃ a minority party 소수당

★★★
☑ **conservative**   휑 보수적인
[kənsə́:rvətiv]

┃ the conservative party 보수 정당

★★★
☑ **progressive**   휑 진보적인
[prəgrésiv]

┃ progressivism 진보주의

★★★
☑ **radical**   휑 급진적인, 과격한
[rǽdikəl]

★★
☑ **reformist**   똉 개혁파
[ri:fɔ́:rmist]

┃ a reformist party 혁신 정당

★
☑ **caucus**   휑 당원 집회, 간부 회의
[kɔ́:kəs]

★★
☑ **faction**   몡 당파, 파벌
[fǽkʃən]
❚ split into factions 당파로 분리되다

★★
☑ **partisan**   혱 당파심이 강한   몡 당원
[pɑ́ːrtizən]
❚ partisan spirit 당파심

★
☑ **bipartisan**   혱 초당적인
[baipɑ́ːrtəzn]

★
☑ **hawkish**   혱 호전적인, 매파적인
[hɔ́ːkiʃ]
❚ hawks 강경파

★★★
☑ **moderate**   혱 온건파의, 중도파의
[mɑ́dərət]

★
☑ **dovish**   혱 온건 평화파의
[dʌ́viʃ]
❚ doves 온건파

★★★
☑ **politics**   몡 정치, 정치학
[pɑ́lətìks]
❚ international politics 국제 정치

☑ **political**
[pəlítikəl]

혱 정치의, 정치상의

▌a political party 정당
▌a political view 정견

☑ **politician**
[pàlətíʃən]

몡 정치인

☑ **statesman**
[stéitsmən]

몡 (지도적인) 정치가

☑ **fund-raising**
[fʌ́ndrèiziŋ]

몡 자금 조달, 모금 혱 자금 조달의

▌a fund-raising party 정치 자금 모금 파티

☑ **consciousness**
[kánʃəsnis]

몡 의식, 자각

▌political consciousness 정치 의식

☑ **participation**
[pɑ:rtìsəpéiʃən]

몡 참여, 관여

☑ **convention**
[kənvénʃən]

몡 집회, 대회

▌the national convention 전당 대회

★ realign
[rìːəláin]
图 재편하다, 재조정하다

┃ a political realignment 정계 개편

★★ coalition
[kòuəlíʃən]
图 제휴, 연립

4. 의회

★★★ parliament
[páːrləmənt]
图 (영국의) 의회, 국회

┃ a member of parliament 의원

★★★ congress
[káŋgris]
图 (미국의) 국회, 연방 의회

★★★ democracy
[dimákrəsi]
图 민주주의

┃ parliamentary democracy 의회 민주주의

★ legislate
[lédʒislèit]
图 법률을 제정하다

★★ legislator
[lédʒisleìtər]
(명) 입법자, 의원

┃ legislation 입법, 법률 제정

★★★ senate
[sénət]
(명) 의회, (미국 등의) 상원

┃ senator 상원의원, 의원

★★★ bill
[bíl]
(명) 법안

┃ introduce a bill 법안을 제출하다

★★★ committee
[kəmíti]
(명) 위원회

┃ the Committee of Rules (미 하원) 운영 위원회

★★ deliberation
[dilìbəréiʃən]
(명) 심의, 숙고

┃ the deliberation of the national budget 예산안 심의

★★ negotiate
[nigóuʃìeit]
(동) 협상하다, 협의하다

★★ enact
[inǽkt]
(동) 제정하다, 규정하다

★★★
☑ **vote**
[vóut]

명 투표, 표결 동 투표하다

┃ an open vote 기명 투표
┃ a secret vote 무기명 투표

★★
☑ **unanimous**
[ju:nǽnəməs]

형 만장일치의, 합의의

┃ pass a bill unanimously 만장일치로 가결하다

★★★
☑ **passage**
[pǽsidʒ]

명 통과, 가결

★★
☑ **consensus**
[kənsénsəs]

명 일치, 합의

★★
☑ **veto**
[víːtou]

명 거부권, 거부 동 거부하다

★★★
☑ **session**
[séʃən]

명 회기, 개회중임, 회의

┃ a regular session 정기 국회
┃ an extraordinary session 임시 국회

★★★
☑ **recess**
[risés]

명 휴회, 휴정

5. 선거

***
☑ **election**   명 선거
[ilékʃən]
▌ general election 총선
▌ a local election 지방 선거
▌ a presidential election 대통령 선거

**
☑ **voter**   명 유권자, 투표자
[vóutər]

**
☑ **ballot**   명 투표, 투표 용지
[bǽlət]
▌ a final ballot 결선 투표
▌ a ballot box 투표함

**
☑ **suffrage**   명 투표, 선거권, 참정권
[sʌ́fridʒ]
▌ female suffrage 여성 참정권

***
☑ **nomination**   명 지명, 추천, 임명
[nàmənéiʃən]
▌ the presidential nomination 대통령 후보의 지명

★
☑ **eligibility**　　　　명 적임, 적격
[èlidʒəbíləti]
▎eligibility candidacy 입후보 자격

★★★
☑ **candidate**　　　　명 후보자, 지원자
[kǽndidèit]

★★
☑ **constituency**　　　명 선거구, 선거권자, 유권자
[kənstítʃuənsi]

★★★
☑ **campaign**　　　　명 (사회적, 정치적) 운동
[kæmpéin]
▎an election campaign 선거 운동
▎a political campaign 유세

★★★
☑ **pledge**　　　　　명 공약, 맹세 동 맹세하다
[plédʒ]
▎an election pledge 선거 공약

★★★
☑ **support**　　　　명 지지 동 지지하다
[səpɔ́ːrt]

★★★
☑ **negative**　　　　형 부정적인, 반대의
[négətiv]
▎a negative campaign 흑색 선전

★★
☑ **slander**
[slǽndər]

명 중상, 허위 선전

★★★
☑ **scandal**
[skǽndl]

명 추문, 중상, 험담

★★
☑ **rig**
[ríg]

동 부정 수단으로 조작하다

▌ rig an election 선거에서 부정 행위를 하다

★★★
☑ **poll**
[póul]

명 투표, 여론 조사

▌ an exit poll 출구 조사
▌ a polling station 투표소

★★★
☑ **close**
[klóus]

형 호각의, 박빙의

▌ a close election 박빙의 선거

★
☑ **overwhelming**
[òuvərhwélmiŋ]

형 압도적인

▌ an overwhelming victory 압도적인 승리

★★
☑ **landslide**
[lǽndslàid]

명 압도적인 대승

New
Toeic
Vocabulary

02 정부와 행정

1. 정부

★★★
☑ **government** 명 정부, 내각, 통치
[ɡʌ́vərnmənt]
❚ the central government 중앙 정부

★★★
☑ **president** 명 대통령
[prézədənt]

★★
☑ **presidency** 명 대통령의 직(지위)
[prézədənsi]

★★
☑ **inaugural** 형 취임의
[inɔ́:ɡjərəl]
❚ an inaugural ceremony 취임식

★★★
☑ **term** 명 임기, 기한
[tə́:rm]
❚ a single term 단임

★★★
☑ **cabinet** 명 내각
[kǽbənit]

***
☑ **secretary**   명 장관, 비서
[sékrətèri]

▮ the Secretary of Defense (미) 국방장관

***
☑ **minister**   명 장관, 공사(외교 사절)
[mínəstər]

▮ a prime minster 국무총리, 수상
▮ a vice minister 차관

*
☑ **aide**   명 보좌관, 조수
[éid]

▮ a presidential aide 대통령 보좌관

**
☑ **spokesman**   명 대변인, 대표자
[spóuksmən]

***
☑ **governor**   명 주지사, 통치자
[gʌ́vərnər]

*
☑ **gubernatorial**   형 지사의, 지방 장관의
[gjùːbərnətɔ́ːriəl]

***
☑ **appoint**   동 임명하다, 지명하다
[əpɔ́int]

▮ appoint a new minister 새 장관을 임명하다

★★★
☑ **designate**
[dézignèit]
동 임명하다, 지명하다

★
☑ **vacate**
[véikeit]
동 물러나다, 사퇴하다
▌vacate an office 관직을 사퇴하다

★★
☑ **resignation**
[rèzignéiʃən]
명 사임, 사직
▌a letter of resignation 사표

★★★
☑ **dismiss**
[dismís]
동 해고하다, (집회 등을) 해산시키다

★★★
☑ **policy**
[páləsi]
명 정책, 방침
▌a diplomatic policy 외교 정책

★★
☑ **implement**
[ímpləmənt]
동 실행하다, 이행하다
▌implement policy 정책을 실행하다

★★
☑ **bureaucrat**
[bjúərəkræt]
명 관료, 관료적인 사람
▌bureaucracy 관료 조직

★★
☑ **predecessor**
[prédəsèsər]
몡 전임자

★★★
☑ **successor**
[səksésər]
몡 후임자, 계승자

★★★
☑ **former**
[fɔ́:rmər]
혱 이전의, 전임의
┃ a former President 전(前)대통령

★
☑ **incumbent**
[inkʌ́mbənt]
혱 현직의, 재직의
┃ the incumbent governor 현직 주지사

★★
☑ **public servant**
[pʌ́blik sə́:rvənt]
몡 공무원

★★★
☑ **official**
[əfíʃəl]
몡 공무원, 당국자 혱 공무의
┃ a high level public official 고위 공직자
┃ White House officials 백악관 당국자

★★
☑ **bribery**
[bráibəri]
몡 뇌물 수수, 증회 행위
┃ the crime of bribery 뇌물 수수죄

2. 외교

★★
diplomacy
[diplóuməsi]
몡 외교

▎ economic diplomacy 경제 외교

★★
diplomatic
[dìpləmǽtik]
휑 외교의, 외교관의

★★
diplomat
[dípləmæt]
몡 외교관, 외교가

★★★
establish
[istǽbliʃ]
동 수립하다, 설립하다

▎ establish diplomatic relations 외교 관계를 수립하다

★
multilateral
[mὰltilǽtərəl]
휑 다국간의, 다변의

▎ multilateral diplomacy 다자 외교

★
normalize
[nɔ́ːrməlàiz]
동 (국교 등을) 정상화하다

★
☑ **pact**　　　　　　　　명 조약, 협정
[pǽkt]
▌ a peace pact 평화 협정

★★
☑ **sanction**　　　　　　명 제재, 처벌
[sǽŋkʃən]
▌ economic sanction 경제·제재

★★
☑ **embassy**　　　　　　명 대사관
[émbəsi]

★★★
☑ **ambassador**　　　　명 대사, 사절, 특사
[æmbǽsədər]
▌ an ambassador to the United States 주미 대사

★
☑ **consulate**　　　　　명 영사관
[kánsələt]

★★★
☑ **mission**　　　　　　명 사절단, 사명, 임무
[míʃən]
▌ an economic mission 경제 사절단

★★
☑ **envoy**　　　　　　　명 사절, 공사
[énvɔi]
▌ a special envoy 특사

★★★

☑ **delegate**
[déligət]

명 대표, 사절 동 파견하다

▎ a papal delegate 교황 사절

★★★

☑ **privilege**
[prívəlidʒ]

명 특권, 특별 취급

★★

☑ **immunity**
[imjú:nəti]

명 면책, 면제

▎ diplomatic immunity 면책 특권

★★★

☑ **recall**
[rikɔ́:l]

동 소환하다

▎ recall an ambassador 대사를 소환하다

★★

☑ **expel**
[ikspél]

동 추방하다

★★

☑ **sever**
[sévər]

동 단교하다, 자르다

▎ sever diplomatic relations 단교하다

★

☑ **protocol**
[próutəkɔ̀:l]

명 (외교상의) 의전, 의례

▎ an airport protocol 공항 의전

3. 행정

★★★
☑ **administration**
[ædmìnəstréiʃən]
몡 통치, 행정, 경영

★★
☑ **administrative**
[ædmínəstrèitiv]
혱 행정상의, 경영상의

▌ administrative readjustments 행정 기구 재조정

★★★
☑ **district**
[dístrikt]
몡 지역, 지구

▌ an administrative district 행정 구역

★★
☑ **autonomy**
[ɔ:tánəmi]
몡 자치, 자치 단체

★★★
☑ **province**
[právins]
몡 (행정 구역) 주, 도

▌ a provincial governor 도지사

★★★
☑ **county**
[káunti]
몡 (행정상의) 주, 군

☑ **ward** ★★★
[wɔ́:rd]

⟮명⟯ (도시의) 구

┃ a ward office 구청

☑ **capital** ★★★
[kǽpətl]

⟮명⟯ 수도 ⟮형⟯ 으뜸가는, 주요한

☑ **metropolitan** ★★★
[mètrəpάlitən]

⟮형⟯ 주요 도시의, 대도시의

┃ the metropolitan area 수도권

☑ **mayor** ★★★
[méiər]

⟮명⟯ 시장, 읍장, 면장

☑ **civil** ★★★
[sívəl]

⟮형⟯ 시민의, 내정의

┃ a civil application 민원

☑ **citizen** ★★★
[sítəzən]

⟮명⟯ 시민, 공민

☑ **petition** ★★★
[pitíʃən]

⟮명⟯ 청원, 탄원

┃ present a petition 진정서를 제출하다

***
☑ **migration**
[maiɡréiʃən]
명 이주, 이동, 이사

***
☑ **population**
[pὰpjuléiʃən]
명 인구, (집합적) 주민

▌population concentration 인구 집중

*
☑ **influx**
[ínflʌks]
명 유입, 쇄도

▌population influx 인구 유입

**
☑ **slum**
[slʌm]
명 빈민가

4. 재정과 조세

***
☑ **budget**
[bʌ́dʒit]
명 예산, 예산안

▌a national budget 정부 예산

***
☑ **execute**
[éksikjùːt]
동 실행하다, 집행하다

fiscal
★★
[fískəl]
⟨형⟩ 국고의, 재정상의

▌ fiscal management 재정 운영
▌ fiscal policy 재정 정책

revenue
★★★
[révənjùː]
⟨명⟩ 세입

▌ the public revenue 국고 세입

tax
★★★
[tæks]
⟨명⟩ 세, 세금, 조세

▌ tax revenues 세수
▌ exempt from tax 세금을 면제하다

taxpayer
★★
[tǽkspèiər]
⟨명⟩ 납세자

augment
★★
[ɔːgmént]
⟨동⟩ 늘리다, 증가시키다

levy
★★
[lévi]
⟨동⟩ 징수하다, 부과하다

impose
★★★
[impóuz]
⟨동⟩ 부과하다, 지우다

due
[djú:]
★★★
⟮형⟯ 지불 기일이 된

❚ due date 납부 기한

progressive
[prəgrésiv]
★★★
⟮형⟯ (세금 등이) 누진적인

❚ progressive taxation 누진 과세

burden
[bə́:rdn]
★★★
⟮명⟯ 짐, 부담

❚ a tax burden 조세 부담

exemption
[igzémpʃən]
★★
⟮명⟯ 공제, 면제

rebate
[rí:beit]
★
⟮명⟯ 환불 ⟮동⟯ 환불하다

❚ a tax rebate 세금 환불

income
[ínkʌm]
★★★
⟮명⟯ 수입, 소득

evasion
[ivéiʒən]
★
⟮명⟯ 회피, 기피

❚ tax evasion 탈세

Alcohol 알코올, 술

옛날 부유한 여성이나 왕녀들은 술을 눈꺼풀에 바르고 다녔다? 아랍인들은 중동 지역에 풍부한 안티몬이란 금속을 갈아 미세한 검은 가루로 만들어 지금의 아이섀도처럼 눈꺼풀에 바르고 다녔습니다. 이런 가루는 고가에 거래가 되었는데 그 이름은 '가루'라는 뜻의 al-kohl이라고 불리었습니다. 이를 본 17세기의 서양 사람들은 이 가루 즉, 알콜을 '얼룩을 남기는 미세한 가루'라는 뜻으로 사용하게 됩니다.

이후 이 알콜이라는 단어는 모든 물질의 에센스에서 얻은 물질이라는 뜻으로, 또 증류를 통해 얻은 물질이라는 뜻(증류를 하면 물질의 에센스가 나온다고 생각해서)으로 사용되게 됩니다. 그러다 일반 사람들이 증류를 통해 얻을 수 있는 가장 흔한 물질인 술이 알콜이라는 이름을 얻게 된 것입니다.

New
Toeic
Vocabulary

03 안보와 분쟁

1. 안보

★★★
☑ **security**
[sikjúərəti]

명 안전, 무사

┃ national security 국가 안보

★★★
☑ **threat**
[θrét]

명 위협, 협박

┃ security threat 안보 위협

★★★
☑ **accord**
[əkɔ́ːrd]

명 (국제간의) 협정, 조약

★★★
☑ **cooperation**
[kouɑ̀pəréiʃən]

명 협력, 협동

★
☑ **bilateral**
[bailǽtərəl]

형 쌍방의, 쌍무적인

┃ bilateral security arrangement 쌍무적 안보 협정

★★★
☑ **confidence**
[kúnfədəns]

명 신뢰, 신임, 자신

☑ **talk** ***

명 회담, 회의, 협의

[tɔ́:k]

❙ peace talks 평화 회담

☑ **treaty** ***

명 조약, 협정

[trí:ti]

❙ mutual non-aggression treaty 상호 불가침 조약

☑ **ally** ***

명 동맹국 동 동맹시키다

[əlái]

❙ a military ally 군사 동맹국

☑ **alliance** **

명 동맹, 연합

[əláiəns]

❙ a security alliance 안보 동맹

☑ **disarmament** **

명 군축, 무장 해제

[disɑ́:rməmənt]

❙ nuclear disarmament 핵 군축

☑ **settlement** ***

명 해결, 화해, 정착

[sétlmənt]

☑ **arbitrate** *

동 중재하다, 조정하다

[ɑ́:rbətrèit]

2. 군대

★★★
◪ **military** [형] 군의, 군대의, 군인의
[mílitèri]
▌military service 병역

★★★
◪ **army** [명] 육군, 군대
[ɑ́:rmi]

★★★
◪ **navy** [명] 해군
[néivi]
▌the Secretary of the Navy (미) 해군 장관

★★
◪ **air force** [명] 공군
[ɛ́ər fɔ̀:rs]

★★★
◪ **marine** [명] 해병대원, 해병대
[mərí:n]
▌marine corps 해병대

★★★
◪ **troop** [명] 군대, 무리
[trú:p]

***

***
corps 　　　　　　　　명 군단, 특수 병과
[kɔ́:r]

▎ signal corps 통신 부대
▎ medical corps 의무대

***
division 　　　　　　　명 사단
[divíʒən]

▎ a division commander 사단장

**
regiment 　　　　　　　명 연대
[rédʒəmənt]

▎ a regiment of foot 보병 연대

**
battalion 　　　　　　　명 대대
[bətǽljən]

▎ an engineering battalion 공병 대대

***
company 　　　　　　　명 중대
[kʌ́mpəni]

*
platoon 　　　　　　　명 소대
[plətú:n]

**
squad 　　　　　　　　명 분대
[skwɑ́d]

★★★

☑ **soldier**   몡 군인
[sóuldʒər]

┃ a professional soldier 직업 군인

★★★

☑ **draft**   몡 징병, 모병
[dræft]

┃ a draft call 소집 영장

★

☑ **conscription**   몡 징병(제도), 강제 징집
[kənskrípʃən]

┃ conscription age 징병 연령

★

☑ **enlistment**   몡 입대
[inlístmənt]

★★★

☑ **discharge**   몡 제대 동 제대시키다
[distʃá:rdʒ]

┃ be discharged from military service 제대하다

★★

☑ **recruit**   몡 신병, 보충병 동 모집하다
[rikrú:t]

┃ a recruit training center 신병 훈련소

★★

☑ **militia**   몡 민병대
[milíʃə]

★★★
☑ **unit**   몡 부대, 편성 단위
[júːnit]

┃ a field unit 야전 부대
┃ an airborne unit 공수 부대

★★
☑ **infantry**   몡 보병, 보병대
[ínfəntri]

★★
☑ **artillery**   몡 포, 포병
[ɑːrtíləri]

★
☑ **medic**   몡 위생병
[médik]

3. 계급

★★★
☑ **general**   몡 장군, 장성, 대장
[dʒénərəl]

★★★
☑ **commander**   몡 사령관, 지휘관, 해군 중령
[kəmǽndər]

┃ the commander of an army corps 군단장

★★★
☑ **officer** 　　　　　　　명 장교, 무관
[ɔ́:fisər]

▎ a military officer 육군 장교

★★★
☑ **colonel** 　　　　　　　명 대령 (육군 · 공군 · 해병대)
[kə́:rnl]

▎ a lieutenant colonel 중령

★★★
☑ **major** 　　　　　　　　명 소령 (육군 · 공군 · 해병대)
[méidʒər]

★★★
☑ **captain** 　　　　　명 대위 (육군 · 공군 · 해병대), 해군 대령
[kǽptən]

★★
☑ **lieutenant** 　　　명 중위 (육군 · 공군 · 해병대), 해군 대위
[lu:ténənt]

▎ a first lieutenant 중위
▎ a second lieutenant 소위
▎ a lieutenant commander 해군 소령

★★★
☑ **sergeant** 　　　　　　명 하사관, 병장
[sá:rdʒənt]

▎ a master sergeant 상사
▎ a sergeant first class 중사
▎ a staff sergeant 하사

★
☐ **corporal**　　　　　　　명 상병
[kɔ́:rpərəl]

★★
☐ **private**　　　　　　　명 이등병, 병사
[práivət]
┃ a private first class 일등병

★★
☐ **military rank**　　　　명 계급
[mílitèri rǽŋk]

4. 무기

★★★
☐ **arms**　　　　　　　　명 무기, 병기
[ɑ́:rmz]
┃ conventional arms 재래식 무기

★★★
☐ **weapon**　　　　　　　명 무기, 병기, 흉기
[wépən]

★★★
☐ **gun**　　　　　　　　　명 총, 대포
[gʌ́n]
┃ a machine gun 기관총

***
☑ **rifle**   명 소총, 라이플총
[ráifl]

┃ an automatic rifle 자동 소총

**
☑ **load**   명 장전, 장탄
[lóud]

**
☑ **ammunition**   명 탄약
[æ̀mjuníʃən]

***
☑ **bullet**   명 총알, 탄환
[búlit]

**
☑ **trigger**   명 방아쇠
[trígər]

┃ pull the trigger 방아쇠를 당기다

***
☑ **fire**   명 발사 동 발포하다
[fáiər]

*
☑ **grenade**   명 수류탄
[grinéid]

**
☑ **mine**   명 지뢰, 기뢰
[máin]

★★★
☑ **armor**
[ɑ́ːrmər]
　명 장갑, 철갑

▌ an armored vehicle 장갑차

★★★
☑ **vessel**
[vésəl]
　명 배, 함정

▌ a war vessel 군함

★★
☑ **aircraft**
[ɛ́ərkræft]
　명 항공기

▌ military aircrafts 군용기

★★
☑ **cruiser**
[krúːzər]
　명 순양함

★★★
☑ **submarine**
[sʌ̀bməríːn]
　명 잠수함

▌ a nuclear submarine 핵잠수함

★★
☑ **fighter**
[fáitər]
　명 전투기

▌ a fighter pilot 전투기 조종사

★★★
☑ **missile**
[mísəl]
　명 미사일, 유도탄

★
☑ **warhead**   몡 (미사일 등의) 탄두
[wɔ́ːrhèd]

❚ a nuclear warhead 핵탄두

★★★
☑ **launch**   동 발사하다, 내보내다
[lɔ́ːntʃ]

❚ launch a missile 미사일을 발사하다

★
☑ **ballistic**   혱 탄도의, 비행물체의
[bəlístik]

5. 분쟁과 전쟁

★★★
☑ **war**   몡 전쟁, 무력 충돌
[wɔ́ːr]

❚ a local war 국지전

★★★
☑ **conflict**   몡 분쟁, 충돌   동 충돌하다
[kánflikt]

★★
☑ **aggravate**   동 악화시키다
[ǽgrəvèit]

★★
☑ **invasion** 명 침략, 침공
[invéiʒən]
┃ an armed invasion 무력 침공

★★
☑ **provocation** 명 도발, 자극
[pràvəkéiʃən]

★★★
☑ **provoke** 동 도발하다
[prəvóuk]
┃ provoke a war 전쟁을 도발하다

★★★
☑ **declaration** 명 선언, 포고
[dèkləréiʃən]
┃ a declaration of war 선전포고

★★
☑ **impending** 형 금방이라도 일어날 것 같은, 임박한
[impéndiŋ]

★
☑ **all-out** 형 전면적인, 철저한
[ɔ́:làut]
┃ all-out war 전면전, 총력전

★
☑ **reconnaissance** 명 정찰, 정찰대
[rikánəsəns]
┃ aerial reconnaissance 공중 정찰

☑ **dispatch** ★★★
[dispǽtʃ]
동 파견하다, 급파하다

☑ **attack** ★★★
[ətǽk]
명 공격 동 공격하다
┃ attack an enemy by night 야음을 타고 적을 공격하다

☑ **offensive** ★★★
[əfénsiv]
명 공격, 공세 형 공격적인
┃ mount on offensive 공세를 취하다

☑ **defense** ★★★
[diféns]
명 방어, 수비, 방위
┃ national defense 국방

☑ **impregnable** ★
[imprégnəbl]
형 난공불락의, 철벽의
┃ an impregnable fortress 난공불락의 요새

☑ **raid** ★★
[réid]
명 습격, 급습
┃ an air raid 공습

☑ **assassinate** ★★
[əsǽsənèit]
동 암살하다, 훼손하다

☑ ***★★★***
strike 　　　　명 계획 공격, 집중 공격
[stráik]
┃ a surgical air strike 정확하고 신속한 공중 습격

☑ ***★***
bombing 　　　　명 폭격, 폭탄 투하
[bámiŋ]
┃ carpet bombing 융단폭격

☑ ***★★***
devastate 　　　　동 철저하게 파괴하다
[dévəstèit]

☑ ***★★★***
shelter 　　　　명 방공호, 피난처
[ʃéltər]
┃ a nuclear bomb shelter 핵 대피호

☑ ***★★★***
trench 　　　　명 참호, 방어 진지
[tréntʃ]

☑ ***★★★***
battle 　　　　명 전투, 교전 동 싸우다
[bǽtl]
┃ an air battle 공중전

☑ ***★★***
combat 　　　　명 전투, 투쟁 동 싸우다
[kámbæt]
┃ hand-to-hand combat 백병전

☑ ★★★
enemy
[énəmi]

명 적, 적군, 경쟁 상대

☑ ★★★
border
[bɔ́ːrdər]

명 국경, 경계

▮ a border line 국경선

☑ ★★
warfare
[wɔ́ːrfɛ̀ər]

명 전쟁, 교전 상태

▮ guerrilla warfare 게릴라전

☑ ★★★
front
[frʌ́nt]

명 최전선, 제1선

☑ ★★★
base
[béis]

명 기지

▮ a military base 군 기지

☑ ★★
morale
[mərǽl]

명 사기, 의욕

▮ improve the morale 사기를 높이다

☑ ★★★
operation
[àpəréiʃən]

명 작전

▮ carry out an operation 작전을 수행하다

★★
☑ **besiege**
[bisíːdʒ]
동 포위하다

★★
☑ **strategy**
[strǽtədʒi]
명 전략, 전술, 병법

▎ a strategic nuclear weapon 전략 핵무기

★★
☑ **tactics**
[tǽktiks]
명 전술

▎ minor tactics 국지 전술

★★
☑ **ambush**
[ǽmbuʃ]
명 매복, 잠복

▎ lie in ambush 매복하다

★★★
☑ **defeat**
[difíːt]
동 쳐부수다, 패배시키다

★★
☑ **neutralize**
[njúːtrəlàiz]
동 제압하다, 중립화하다

▎ neutralize an enemy position 적의 요지를 무력화하다

★★
☑ **annihilate**
[ənáiəlèit]
동 전멸시키다

▎ annihilate the enemy soldiers 적병을 전멸시키다

☑ **repel** ★★
[ripél]
동 격퇴하다, 쫓아버리다

| repel the enemy 적을 격퇴하다

☑ **bloodshed** ★★
[bládʃèd]
명 유혈, 살육, 학살

☑ **occupy** ★★★
[ákjupài]
동 점령하다

| occupying forces 점령군

☑ **retreat** ★★★
[ritríːt]
명 후퇴 동 후퇴하다

☑ **truce** ★★
[trúːs]
명 휴전, 정전

| truce talks 휴전 회담

☑ **casualty** ★★
[kǽʒuəlti]
명 사상자, 희생자

| civilian casualties 민간인 사상자

☑ **missing** ★★★
[mísiŋ]
형 행방불명인

| missing in action 전투 중에 실종된

New Toeic Vocabulary

04 법과 범죄

1. 법

☐ **law** ★★★
[lɔ́ː]
명 법, 법률
┃ a nation ruled by law 법치국가

☐ **legislation** ★★★
[lèdʒisléiʃən]
명 법률, 법령, 법률 제정

☐ **constitution** ★★★
[kànstətjúːʃən]
명 헌법

☐ **amend** ★★★
[əménd]
동 수정하다, 고치다
┃ amend the constitution 헌법을 개정하다

☐ **abolish** ★★
[əbáliʃ]
동 폐지하다

☐ **statutory** ★
[stǽtʃutɔ̀ːri]
형 법령의, 법정의
┃ statutory authority 법에 규정된 권한

★★
statute
[stǽtʃuːt]
명 법령, 법규, 성문율

▌ offend a statute 법규를 위반하다

★
legality
[liɡǽləti]
명 적법, 합법

★★★
legal
[líːɡəl]
형 법률상의, 합법의

▌ legal procedure 소송 절차
▌ a legal act 합법적 행위

★★★
illegal
[ilíːɡəl]
형 불법의, 위법의

▌ an illegal sale 밀매

★★
violation
[vàiəléiʃən]
명 위반, 위배

▌ a violation of the law 법률 위반

★★
transgress
[trænsgrés]
동 어기다, 위반하다

★★★
observe
[əbzə́ːrv]
동 준수하다, 지키다

***
☑ **decree**　　　　　　　몡 법령, 율령, 포고
[dikríː]

▌ a Presidential decree 대통령령

**
☑ **regulation**　　　　　몡 규칙, 규정
[règjuléiʃən]

**
☑ **ordinance**　　　　　　몡 조례, 법령, 포고
[ɔ́ːrdənəns]

▌ an emergency ordinance 긴급 법령

***
☑ **enforce**　　　　　　　　동 시행하다, 집행하다
[infɔ́ːrs]

▌ enforce a law 법률을 시행하다

**
☑ **authorize**　　　　　　동 권한을 부여하다
[ɔ́ːθəràiz]

***
☑ **prohibit**　　　　　　　동 금하다, 금지하다
[prouhíbit]

▌ prohibit the export of wheat 소맥의 수출을 금하다

***
☑ **forbid**　　　　　　　　동 금하다, 금지하다
[fərbíd]

2. 범죄

★★★
☑ **crime**
[kráim]
명 죄, 범죄

▌a malicious crime 악질적인 범죄

★★★
☑ **criminal**
[krímənl]
명 범인 형 범죄의

★★
☑ **culprit**
[kʌ́lprit]
명 범인, 죄인

★★★
☑ **commit**
[kəmít]
동 저지르다, 범하다

▌commit a crime 죄를 짓다

★
☑ **felony**
[féləni]
명 중죄

▌commit a felony 중죄를 범하다

★
☑ **misdemeanor**
[mìsdimí:nər]
명 경범죄, 비행

★
☑ **accomplice**
[əkámplis]

똉 공범자, 한패

★★
☑ **conspiracy**
[kənspírəsi]

똉 음모, 공모

┃ in conspiracy 공모하여

★★
☑ **confederate**
[kənfédərət]

똉 공모자

★★★
☑ **offense**
[əféns]

똉 위반, 위법 행위

┃ a minor[petty] offense 경범죄

★★
☑ **offender**
[əféndər]

똉 범죄자, 위반자

┃ a drug offender 마약 사범
┃ a sexual offender 성범죄자

★★★
☑ **theft**
[θéft]

똉 절도, 도둑질

★★
☑ **robbery**
[rábəri]

똉 강도, 약탈, 강탈

┃ bank robbery 은행 강도

★
racketeering 　　　　명 공갈
[rǽkətíəriŋ]

★★
assault 　　　　명 폭행, 성폭행
[əsɔ́:lt]
┃ assault and battery 폭행 구타

★★
kidnapping 　　　　명 유괴, 납치
[kídnæpiŋ]
┃ kidnap a child 아이를 유괴하다

★
abduct 　　　　동 유괴하다
[æbdʌ́kt]
┃ abduction 유괴

★★
ransom 　　　　명 몸값, 배상금
[rǽnsəm]

★★
hostage 　　　　명 인질, 볼모, 저당
[hástidʒ]
┃ release a hostage 인질을 석방하다

★
arson 　　　　명 방화(죄)
[ɑ́ːrsn]
┃ arsonist 방화범

☑ **homicide**
[háməsàid]
명 살인, 살인자, 강력계

┃ accidental homicide 과실 치사

☑ **stab**
[stǽb]
동 찌르다, 찔러 죽이다

☑ **murder**
[mə́:rdər]
명 살인, 살인 사건

┃ a murderer 살인자
┃ an attempt murder 살인 미수

☑ **serial killer**
[síəriəl kílər]
명 연쇄 살인범

☑ **fraud**
[frɔ́:d]
명 사기, 사기꾼

☑ **abuse**
[əbjú:s]
명 학대, 폭행 동 학대하다

┃ child abuse 아동 학대

☑ **harassment**
[hərǽsmənt]
명 괴롭힘, 희롱

┃ sexual harassment 성희롱

★★
☑ **adultery** 몡 간통, 불륜
[ədʌ́ltəri]

★★★
☑ **drug** 몡 약, 마약
[drʌ́g]
┃ possession of drug 마약 소지

★
☑ **addict** 몡 중독자, 열광하는 사람
[ǽdikt]
┃ a drug addict 마약 중독자

★★
☑ **pickpocket** 몡 소매치기
[píkpàkit]

★★
☑ **forgery** 몡 (문서 · 지폐의) 위조
[fɔ́:rdʒəri]
┃ forgery of an official document 공문서 위조

★★
☑ **smuggle** 동 밀수하다
[smʌ́gl]
┃ smuggle forbidden articles 금수품을 밀수하다

★★
☑ **gangster** 몡 폭력단원
[gǽŋstər]
┃ a gangster group 폭력 조직

3. 범죄 수사

***
☑ **investigate**
[invéstəgèit]

동 조사하다, 수사하다

┃ investigator 수사관

***
☑ **detective**
[ditétiv]

명 형사, 탐정

***
☑ **police officer**
[pəlíːs ɔ́ːfisər]

명 경관

**
☑ **patrol**
[pətróul]

명 순찰, 순시, 순찰병

┃ a patrol car 순찰차

*
☑ **surveillance**
[sərvéiləns]

명 감시, 감독

***
☑ **victim**
[víktim]

명 피해자, 희생자

┃ identify the victim 피해자의 신원을 확인하다

★★
☑ **bounty**
[báunti]
명 현상금, 장려금

★★
☑ **fugitive**
[fjú:dʒətiv]
명 도망자, 탈주자

★★★
☑ **suspect**
[sʌ́spekt]
명 용의자, 피의자

▌a murder suspect 살인 용의자

★★★
☑ **suspicion**
[səspíʃən]
명 혐의, 용의

▌under suspicion 혐의가 있는

★★
☑ **clue**
[klú:]
명 단서, 실마리

▌search for clues 단서를 찾다

★★
☑ **informant**
[infɔ́:rmənt]
명 제보자, 밀고자

★
☑ **wiretap**
[wáiərtæp]
명 도청 장치 동 도청하다

▌wiretap a telephone 전화를 도청하다

☑ **chase**
[tʃéis]
★★★

동 뒤쫓다, 추적[추격]하다

☑ **arrest**
[ərést]
★★★

명 체포　동 체포하다

▌ under arrest 체포되어, 수감되어

☑ **handcuff**
[hǽndkʌ̀f]
★

명 수갑

▌ put handcuffs on 수갑을 채우다

☑ **custody**
[kʌ́stədi]
★★

명 감금, 구류

☑ **warrant**
[wɔ́ːrənt]
★★★

명 영장, 소환장

▌ warrant of arrest 체포 영장

☑ **interrogate**
[intérəgèit]
★★

동 심문하다

▌ interrogate a witness 증인을 심문하다

☑ **evidence**
[évədəns]
★★★

명 증거, 물증, 증인

▌ material evidence 물적 증거

***
☑ **confess**   통 고백하다, 자백하다
[kənfés]

❚ confess one's crime 죄를 자백하다

**
☑ **prosecution**   명 기소, 고발
[prɑ̀sikjúːʃən]

❚ a criminal prosecution 형사 소추

*
☑ **fingerprint**   명 지문
[fíŋgərprìnt]

*
☑ **autopsy**   명 검시, 부검
[ɔ́ːtɑpsi]

4. 재판과 소송

***
☑ **court**   명 법원, 법정, 재판
[kɔ́ːrt]

❚ Supreme Court 대법원

***
☑ **justice**   명 정의, 사법, 재판
[dʒʌ́stis]

☑ **judicial** 　형 사법의, 재판의
[dʒuːdíʃəl]

┃ judicial power 사법권
┃ the judicial bench 판사들[일동]

☑ **jurisdiction** 　명 관할권, 사법권
[dʒùərisdíkʃən]

☑ **judge** 　명 재판관, 법관, 판사
[dʒʌ́dʒ]

☑ **prosecutor** 　명 검사, 검찰관
[prásikjùːtər]

☑ **lawyer** 　명 변호사, 법률가
[lɔ́ːjər]

☑ **attorney** 　명 변호사, 검사
[ətə́ːrni]

┃ a district attorney 지방 검사

☑ **suit** 　명 소송
[súːt]

┃ criminal suit 형사 소송
┃ civil suit 민사 소송

★★
◪ **client** [명] 의뢰인, 고객
[kláiənt]

★★
◪ **sue** [동] 고소하다, 소송을 제기하다
[sú:]

★★★
◪ **case** [명] 사건, 소송 사건, 판례
[kéis]
▌win[lose] the case 승[패]소하다

★★★
◪ **trial** [명] 재판, 공판, 심리
[tráiəl]
▌a criminal trial 형사 재판

★★★
◪ **accuse** [동] 고발하다, 고소하다
[əkjú:z]

★
◪ **lawsuit** [명] 소송, 고소
[lɔ́:sù:t]
▌institute a lawsuit 소송을 제기하다

★★★
◪ **witness** [명] 증인, 목격자, 증언
[wítnis]
▌a defense witness 피고측 증인
▌a prosecution witness 검사측 증인

***

summon
[sʌ́mən]
동 소환하다, 출두를 명하다

┃ summon a witness 목격자에게 출두를 명하다

**

testify
[téstəfài]
동 증언하다, 증인이 되다

***

testimony
[téstəmòuni]
명 증언

┃ false testimony 위증

***

plead
[plíːd]
동 진술하다, 변론하다

┃ plead for the accused 피고의 변호를 하다

***

guilty
[gílti]
형 유죄의, 죄를 범한

┃ be not guilty 무죄이다

***

innocent
[ínəsənt]
형 죄가 없는, 결백한

**

jury
[dʒúəri]
명 배심원

┃ the jury box 배심원석

★★
☑ **verdict**
[və́ːrdikt]
몡 평결

▍ bring in a verdict of guilty 유죄 판결을 내리다

★★★
☑ **sentence**
[séntəns]
몡 판결, 선고, 처벌

▍ suspension of a sentence 집행 유예

★★
☑ **convict**
[kənvíkt]
통 유죄를 선고하다

▍ be convicted of a drunk driving 음주운전으로 유죄 판결을 받다

★★
☑ **acquit**
[əkwít]
통 무죄로 하다, 무죄를 선고하다

★★
☑ **dismissal**
[dismísəl]
몡 기각, 해산

▍ case dismissal 공소 기각

★
☑ **perjury**
[pə́ːrdʒəri]
몡 위증, 위증죄

★★★
☑ **appeal**
[əpíːl]
통 상고하다, 항소하다

▍ appeal to the Supreme Court 대법원에 상고하다

5. 형벌

★★★
☑ **penalty**
[pénəlti]
명 형벌, 벌금

★★★
☑ **punish**
[pʌ́niʃ]
동 벌하다, 처벌하다
┃ punishment 형벌

★★★
☑ **imprison**
[imprízn]
동 감옥에 넣다, 수감하다
┃ imprisonment 투옥

★★★
☑ **jail**
[dʒéil]
명 감옥, 구치소

★★★
☑ **prison**
[prízn]
명 교도소, 감옥
┃ be in prison 수감 중이다

★★★
☑ **prisoner**
[prízənər]
명 죄수

★★
inmate
[ínmèit]
명 수감자

★★
warden
[wɔ́ːrdən]
명 감시자, 교도소장

★★★
fine
[fáin]
명 벌금, 과료
┃ a parking fine 주차 위반 벌금

★★
bail
[béil]
명 보석, 보석금
┃ an application for bail 보석 신청

★★
probation
[proubéiʃən]
명 집행 유예, 보호 관찰
┃ a probation officer 보호 감찰관

★★
parole
[pəróul]
명 가석방, 가출옥
┃ a criminal on parole 가석방자

★★★
release
[rilíːs]
동 석방하다, 놓아주다
┃ be released from prison 교도서에서 석방되다

Blue Chips 파란칩, 우량주

명절 때 친척들끼리 모여 고스톱을 치려 하면 항상 잔돈이 모자릅니다. 명절이라 잔돈 바꿀 곳도 없고, 있다 하더라도 가게 주인도 명절 기간 동안 은행이 열지 않기 때문에 잔돈 바꿔 주는 것을 곤란해 합니다. 이럴 때 자주 사용되는 잔돈 대용물은 바둑알입니다. (예를 들어 검정 돌은 100원 하얀 돌은 500원)

서양 사람들도 포커 게임을 할 때 돈을 대신하여 처음에는 나무조각을 사용하다 칩을 사용하게 되었습니다. 이 칩들은 색깔이 빨간색, 흰색, 파란색으로 구분되어 있는데 파란칩이 10센트로 취급되던지 100달러로 취급되던지 간에 항상 빨간칩과 흰칩보다 높은 가치를 지녔습니다.

이렇게 도박에서 유래된 블루칩은 이제는 증권가에서 우량주를 의미하게 되었습니다. 주식시장에서의 거래가 일반적인 거래보다 도박적인 게임성을 가지고 있기 때문일까요?

New
Toeic
Vocabulary

05 사회와 복지

1. 사회

***
☑ **society**
[səsáiəti]
명 사회, 공동체

***
☑ **social**
[sóuʃəl]
형 사회의, 사교적인

┃ the social morality 사회 도덕

***
☑ **community**
[kəmjú:nəti]
명 사회, 공동체, 공동 사회

┃ the welfare of the community 사회 복지

***
☑ **generation**
[dʒènəréiʃən]
명 세대, 동시대의 사람들

┃ the computer generation 컴퓨터 세대

***
☑ **human**
[hjú:mən]
명 인간, 인류 형 인간의

**
☑ **gender**
[dʒéndər]
명 성, 성별

***
☑ **male**
[méil]

명 남자, 수컷 형 남성의

***
☑ **female**
[fíːmeil]

명 여자, 암컷 형 여성의

***
☑ **neighbor**
[néibər]

명 이웃, 이웃 사람

▎ a next-door neighbor 옆집 사람

***
☑ **neighborhood**
[néibərhùd]

명 근처, 이웃, 이웃 사람들

▎ a neighborhood store 근처의 가게

**
☑ **relationship**
[riléiʃənʃip]

명 관계, 관련

▎ human relationships 인간 관계
▎ intimate relationships 친근한 관계

***
☑ **marriage**
[mǽridʒ]

명 결혼, 혼인

▎ marriage registration 혼인 신고

***
☑ **divorce**
[divɔ́ːrs]

명 이혼 동 이혼시키다

★★★

◪ **inhabit** [동] 살다, 거주하다

[ìnhǽbit]

★★★

◪ **inhabitant** [명] 주민, 거주자

[inhǽbətənt]

▌the original inhabitant of the country 그 나라의 원주민

★★★

◪ **village** [명] 마을, 촌락

[vílidʒ]

▌a fishing village 어촌

★★

◪ **urban** [형] 도시의, 도시에 사는

[ə́ːrbən]

▌an urban population 도시 인구

★★

◪ **rural** [형] 시골의, 전원의

[rúərəl]

▌rural life 전원 생활

▌rural communities 농촌

★★★

◪ **settle** [동] 정착시키다, 자리를 잡다

[sétl]

★★

◪ **census** [명] 인구 조사

[sénsəs]

2. 사회 문제

★★★
☑ **poverty**
[pάvərti]
  명 빈곤, 가난
❚ suffer from poverty 가난으로 고생하다

★
☑ **impoverished**
[impάvəriʃt]
  형 가난에 빠진

★★★
☑ **famine**
[fǽmin]
  명 굶주림, 기근
❚ die of famine 굶어 죽다

★
☑ **addiction**
[ədíkʃən]
  명 중독, 탐닉
❚ internet addiction 인터넷 중독

★★★
☑ **suicide**
[súːəsàid]
  명 자살 동 자살하다

★
☑ **prostitution**
[prὰstətjúːʃən]
  명 매춘, 매음

☑ ★
abortion 몡 낙태, 유산
[əbɔ́ːrʃən]

┃ an induced abortion 인공 낙태

☑ ★★
inequality 몡 불평등, 불균등
[ìnikwáləti]

┃ educational inequality 교육 받을 기회의 불균등

☑ ★★
discrimination 몡 차별, 차별 대우
[diskrìmənéiʃən]

┃ gender discrimination 성차별

☑ ★★
rape 몡 성폭행 됭 강간하다
[réip]

☑ ★★★
harmful 몧 해로운, 유해한
[háːrmfəl]

┃ a harmful web site 유해 사이트

☑ ★★
homeless 몧 집이 없는
[hóumlis]

┃ the homeless 부랑인

☑ ★
street dweller 몡 노숙자
[stríːt dwélər]

★★
☑ **extravagant**
[ikstrǽvəgənt]
혱 낭비하는, 사치스러운

▌ an extravagant wedding 호화 결혼식

★★★
☑ **consumption**
[kənsʌ́mpʃən]
몡 소비

▌ conspicuous consumption 과시적 소비

★
☑ **frugality**
[fruːgǽləti]
몡 절약, 검소

▌ live in frugality 검소하게 살다

★★
☑ **geometric**
[dʒìːəmétrik]
혱 기하학적인

▌ geometric population growth 기하급수적인 인구 증가

★★
☑ **fertility**
[fərtíləti]
몡 출생률, 비옥, 다산

★★
☑ **mortality**
[mɔːrtǽləti]
몡 사망률, 죽을 운명

▌ infant mortality rate 영아 사망률

★
☑ **euthanasia**
[jùːθənéiʒiə]
몡 안락사

3. 복지

★★★
☑ **welfare**   명 복지, 복리
[wélfɛ̀ər]
▮ public welfare 공공 복지
▮ welfare system 복지 제도

★★★
☑ **allowance**   명 수당
[əláuəns]
▮ an old-age allowance 노령 수당

★★★
☑ **pension**   명 연금
[pénʃən]
▮ national pension system 국민연금제도

★★
☑ **elderly**   형 나이가 지긋한
[éldərli]
▮ elderly welfare 노인 복지

★
☑ **disabled**   형 불구가 된, 무능력해진
[diséibld]
▮ a disabled person 장애인

***

handicap 명 장애, 불리한 조건
[hǽndikæp]
▌a physical handicap 신체 장애

**

rehabilitation 명 재활, 갱생, 복권
[rìːhəbìlətéiʃən]
▌rehabilitation facilities 재활 시설

***

assistance 명 도움, 조력, 보조
[əsístəns]
▌public assistance 공공 부조

**

livelihood 명 생계, 살림
[láivlihùd]
▌minimum livelihood cost 최저 생계비

*

recipient 명 수혜자
[risípiənt]

***

benefit 명 혜택, 이득, 이익
[bénəfìt]
▌welfare benefits 복지 혜택

***

health insurance 명 의료 보험
[hélθ inʃúərəns]

4. 노사 관계

★★★
☑ **labor**
[léibər]
명 노동, 근로

▌ labor law 노동법

★★★
☑ **worker**
[wɔ́:rkər]
명 노동자, 근로자

★★★
☑ **employer**
[implɔ́iər]
명 고용주, 사용자

★★★
☑ **employee**
[implɔ́ii:]
명 고용인, 종업원

★★★
☑ **employment**
[implɔ́imənt]
명 고용

▌ employment opportunity 고용 기회

★★★
☑ **unemployment**
[ʌ̀nimplɔ́imənt]
명 실직, 실업 상태

▌ unemployment rate 실업률

★★
☑ **stabilization**　　　명 안정, 안정화
[stèibəlizéiʃən]

▮ employment stabilization 고용 안정

★★★
☑ **temporary**　　　형 임시의, 일시적인
[témpərèri]

▮ temporary employment 임시 고용

★
☑ **turnover**　　　명 이직률, 회전율
[tə́:rnòuvər]

★★
☑ **overtime**　　　명 초과 근무, 잔업
[óuvərtàim]

▮ be paid extra for overtime 잔업 수당을 받다

★★★
☑ **wage**　　　명 임금
[wéidʒ]

★★★
☑ **salary**　　　명 봉급, 급여
[sǽləri]

▮ a fixed salary 고정급

★★★
☑ **leave**　　　명 휴가, 허가
[líːv]

▮ two leaves in a year 한 해에 두 번의 휴가

☑ union
★★★
[júːnjən]

명 조합

▌ a labor union 노동 조합
▌ a union member 조합원

☑ unfair
★★
[ʌ̀nfέər]

형 불공정한, 부당한

▌ unfair dismissal 부당 해고

☑ collective
★★
[kəléktiv]

형 집단적인, 공동의

▌ right to collective action 단체행동권

☑ layoff
★
[léiɔ̀ːf]

명 해고, 강제 휴업

☑ strike
★★★
[stráik]

명 동맹 파업, (노동) 쟁의

▌ general strike 총파업

☑ lockout
★
[lákàut]

명 직장 폐쇄

☑ sabotage
★
[sǽbətὰːʒ]

명 파괴 행위, 생산 방해

★
☑ **sit-in**   명 연좌 데모, 농성 파업
[sítìn]

★★
☑ **militant**   형 투쟁적인, 호전적인
[mílətənt]
┃ a militant labor union 강성 노조

★
☑ **confrontational**   명 대립적인
[kὰnfrəntéiʃənl]
┃ confrontational labor-management relations 대립적인 노사 관계

★★★
☑ **dispute**   명 분쟁, 논쟁 동 논쟁하다
[dispjúːt]
┃ a labor dispute 노동 쟁의

★★★
☑ **negotiation**   명 교섭, 협상
[nigòuʃiéiʃən]
┃ wage negotiation 임금 협상

★
☑ **bargaining**   명 거래, 교섭
[báːrgəniŋ]
┃ collective bargaining 단체 교섭

★★★
☑ **agreement**   명 협정, 동의, 합의
[əgríːmənt]

Bullpen 황소 우리, 구원 투수 연습장

　미국의 남북전쟁 당시 북군은 남군은 물론 수많은 민간인도 체포하였습니다. 그러자 한정된 감옥에 사람들을 가두어 둘 수 없게 되어 많은 죄수들을 가두기 위해 임시 감옥들을 지었습니다. 임시 감옥은 그 구조가 가축 우리와 비슷했고, 그 속에 갇힌 사람들도 길들여진 수소처럼 기가 죽어 있었기 때문에 임시 감옥은 황소 우리(bull pen)라고 불리었습니다.

　그런데 이 이름은 현재 야구장에서 대기하고 있는 구원투수가 워밍업을 하는 곳의 모습이 마치 임시 감옥과 비슷하다고 하여 이를 나타내는 데 사용되고 있습니다. 그러나 아이러니하게도 현재의 bullpen은 길들여져 얌전하기는커녕 때가 되면 싸우기 위해서 기세등등한 황소 같은 선수들이 모여 있는 곳입니다.

New
Toeic
Vocabulary

06 교육과 종교

1. 교육과 학교

★★★
◪ **education** [명] 교육
[èdʒukéiʃən]
▌public education 공교육
▌private education 사교육

★★★
◪ **instruction** [명] 교수, 교육, 가르침
[instrʌ́kʃən]
▌mail instruction 통신 교육

★★★
◪ **academy** [명] 학교, 전문학교
[əkǽdəmi]
▌an academy of music 음악 학교

★★★
◪ **institute** [명] 전문학교, 협회 [동] 설립하다
[ínstətjù:t]
▌a private learning institute 학원

★★★
◪ **principal** [명] 교장 [형] 주요한
[prínsəpəl]
▌a vice principal 교감

★★
☑ **enroll**
[inróul]
　　(동) 등록하다, 입학시키다

▌ enrollment 등록, 입학

★★★
☑ **entrance**
[éntrəns]
　　(명) 입학, 입장, 입구

★★★
☑ **application**
[æpləkéiʃən]
　　(명) 신청, 지원, 적용

★★
☑ **placement**
[pléismənt]
　　(명) 배치, 놓기

▌ school placement 학교 배정

★★
☑ **compulsory**
[kəmpʌ́lsəri]
　　(형) 강제적인, 의무적인

▌ compulsory education 의무 교육

★★★
☑ **elementary**
[èləméntəri]
　　(형) 기본이 되는, 초보의

▌ an elementary school 초등학교

★★★
☑ **secondary**
[sékəndèri]
　　(형) 제2위의, 중등 교육의

▌ a junior[senior] secondary school 중[고등] 학교

★★

☑ **coeducation**　　　　　　명 남녀 공학
[kòuedʒukéiʃən]

┃ the coeducational system 남녀 공학 제도

★

☑ **homeschooling**　　　　명 자택 학습
[hóumskù:liŋ]

★★★

☑ **textbook**　　　　　　　명 교과서, 교본
[tékstbùk]

★★★

☑ **examination**　　　　　명 시험, 고사, 조사
[igzæ̀mənéiʃən]

★

☑ **midterm**　　　　　　　형 중간의　명 중간고사
[mídtə:rm]

┃ a midterm exam 중간고사

★★★

☑ **final**　　　　　　　　　형 최후의　명 기말고사
[fáinl]

┃ a final exam 기말고사

★★★

☑ **grade**　　　　　　　　명 성적, 등급
[gréid]

┃ good[high] grades 좋은 성적
┃ bad[low] grades 나쁜 성적

★★★
☑ **library** 명 도서관
[láibrèri]
┃ a public library 공공 도서관

★★★
☑ **laboratory** 명 실험실(lab), 실습실
[lǽbərətɔ̀:ri]
┃ a language lab 어학 실습실

★
☑ **dorm** 명 기숙사
[dɔ́:rm]

★
☑ **infirmary** 명 양호실, 의무실
[infə́:rməri]

★★★
☑ **gymnasium** 명 체육관
[dʒimnéiziəm]

★★★
☑ **auditorium** 명 강당, 청중석
[ɔ̀:dətɔ́:riəm]

★★★
☑ **playground** 명 운동장, 놀이터
[pléigràund]

★★★
☑ **attendance** 명 출석, 참석
[əténdəns]

★★★
☑ **roll** 　　　　　　　　(명) 명부, 목록, 표
[róul]
┃ call the roll 출석을 부르다

★★★
☑ **absence** 　　　　　(명) 결석, 부재, 불참
[ǽbsəns]
┃ a report of absence 결석계

★
☑ **truancy** 　　　　　(명) 무단 결석, 등교 거부
[trúːənsi]

★★
☑ **juvenile** 　　　　　(형) 소년 소녀의 (명) 청소년
[dʒúːvənàil]
┃ juvenile books 소년 소녀용 도서

★
☑ **delinquency** 　　　(명) 과실, 비행
[dilíŋkwənsi]
┃ juvenile delinquency 청소년 범죄

★
☑ **rehabilitate** 　　　(동) 사회에 복귀시키다
[riːhəbílətèit]
┃ rehabilitate a juvenile delinquent 비행 청소년을 갱생시키다

★★
☑ **expulsion** 　　　　(명) 제명, 제적
[ikspʌ́lʃən]

★★★
☑ **graduation**   몡 졸업, 학위 취득
[grǽdʒuéiʃən]

▌graduation ceremony 졸업식

★★
☑ **diploma**   몡 졸업장, (학위·자격) 증서
[diplóumə]

★
☑ **reunion**   몡 동창회, 친목회
[rì:jú:njən]

★
☑ **alumni**   몡 졸업생, 동창생
[əlʌ́mnai]

▌alumni association 동창회

★
☑ **alma mater**   몡 출신교, 모교
[ǽlmə mɑ́:tər]

2. 학문

★★★
☑ **mathematics**   몡 수학
[mæ̀θəmǽtiks]

▌applied mathematics 응용 수학

★★★
☑ **geometry**
[dʒiámətri]
（명）기하학

★★★
☑ **algebra**
[ǽldʒəbrə]
（명）대수(학)
▌ solve in algebra 대수로 풀다

★★
☑ **ethics**
[éθiks]
（명）윤리학, 윤리

★★★
☑ **geography**
[dʒiágrəfi]
（명）지리학, 지리
▌ geographer 지리학자

★★★
☑ **science**
[sáiəns]
（명）과학
▌ earth science 지구 과학

★★★
☑ **chemistry**
[kéməstri]
（명）화학
▌ physical chemistry 물리 화학

★★★
☑ **biology**
[baiálədʒi]
（명）생물학, 생태학
▌ marine biology 해양 생물학

★★★
☑ **botany** 　　　명 식물학
[bátəni]

▌geographical biology 식물 지리학

★★
☑ **linguistics** 　　　명 언어학, 어학
[liŋgwístiks]

▌a linguist 언어학자

★★
☑ **sociology** 　　　명 사회학
[sòusiálədʒ]

▌economic sociology 경제 사회학

★★★
☑ **psychology** 　　　명 심리학
[saikálədʒi]

▌criminal psychology 범죄 심리학

★★
☑ **anthropology** 　　　명 인류학
[æ̀nθrəpálədʒi]

▌cultural anthropology 문화 인류학

★★★
☑ **archaeology** 　　　명 고고학
[à:ⁿkiálədʒi]

★★★
☑ **astronomy** 　　　명 천문학
[əstránəmi]

★★★
☑ **economics** 명 경제학
[èkənámiks]

❚ home economics 가정학

★★★
☑ **philosophy** 명 철학
[filásəfi]

❚ critical philosophy 비판 철학

★★
☑ **theology** 명 신학
[θiálədʒi]

★★★
☑ **physics** 명 물리학
[fíziks]

❚ the province of physics 물리학 분야

★★★
☑ **engineering** 명 공학
[èndʒiníəriŋ]

❚ electrical engineering 전기 공학
❚ mechanical engineering 기계 공학

★★
☑ **electronics** 명 전자 공학
[ilektrániks]

★
☑ **biotechnology** 명 생물(생명) 공학
[báiouteknálədʒi]

★
etiology
[ì:tiálədʒi]
명 병인학

★
pharmacology
[fà:rməkálədʒi]
명 약학, 약물학

★★★
anatomy
[ənǽtəmi]
명 해부학, 해부

3. 대학

★★★
college
[kálidʒi]
명 (일반적으로) 대학

❙ a college entrance examination 대학 입시
❙ a junior college 전문대학

★★★
university
[jù:nəvə́:rsəti]
명 (종합) 대학교

❙ a national university 국립대학교

★★
dean
[dí:n]
명 학장, 수석 사제

★★★
◪ **professor** [명] 교수
[prəfésər]
▌an assistant professor 조교수

★★★
◪ **lecture** [명] 강의 [동] 강의하다
[léktʃər]
▌a full-time lecturer 전임 강사

★★★
◪ **faculty** [명] 학부, 학부의 교수단
[fǽkəlti]
▌the faculty of law 법학부

★★★
◪ **staff** [명] 직원, (학교의) 교직원
[stǽf]

★
◪ **emeritus** [형] 명예퇴직의
[imérətəs]
▌an emeritus professor 명예 교수

★
◪ **mentor** [명] 스승, 선생님
[méntɔːr]

★★
◪ **tutor** [명] 가정 교사, 개별 지도 교수
[tjúːtər]
▌a resident tutor 입주 가정 교사

★
☑ **tenure**
[ténjər]

명 신분 보장(권), 재임 자격

★★
☑ **campus**
[kǽmpəs]
❚ main campus 본교
❚ satellite campus 분교

명 교정, 구내, 캠퍼스

★★
☑ **freshman**
[fréʃmən]

명 신입생, 1학년

★★
☑ **sophomore**
[sáfəmɔ̀ːr]

명 2학년

★★★
☑ **junior**
[dʒúːnjər]

명 3학년, 손아랫사람

★★★
☑ **senior**
[síːnjər]

명 4학년, 손윗사람

★★★
☑ **credit**
[krédit]

명 학점(unit)

★★★
☑ **major**
[méidʒər]

명 전공 동 전공하다

★★★
◪ **minor** [mάinər] — [명] 부전공 [동] 부전공하다

★★★
◪ **curriculum** [kəríkjuləm] — [명] 교과 과정, 이수 과정

★
◪ **tuition** [tjuːíʃən] — [명] 수업료, 수업

★
◪ **term paper** [tə́rm péipər] — [명] 학기 말 리포트

★★
◪ **semester** [siméstər] — [명] 한 학기, 반 학년

▌the first semester 제1학기

★
◪ **flunk** [flʌ́ŋk] — [동] 낙제시키다, 실패하다

★★
◪ **undergraduate** [ʌ̀ndərgrǽdʒuət] — [명] 대학 재학생

★★★
◪ **graduate** [grǽdʒuət] — [명] 졸업생, 학사 [동] 졸업하다

▌graduate course 대학원 과정

★★★
☑ **degree**
[digríː]

명 학위

★★★
☑ **bachelor**
[bǽtʃələr]

명 학사, 독신 남자

‖ Bachelor of Arts 문학사(B.A.)

★★
☑ **scholarship**
[skálərʃip]

명 장학금, 학문

‖ receive a scholarship 장학금을 받다

★★
☑ **commencement**
[kəménsmənt]

명 졸업식, 학위 수여식

4. 종교

★★★
☑ **religion**
[rilídʒən]

명 종교

‖ believe in religion 종교를 믿다

★★★
☑ **religious**
[rilídʒəs]

형 종교의, 종교적인

★★

◪ **ritual** [명] 종교적인 의식

[rítʃuəl]

★★★

◪ **belief** [명] 믿음, 신앙

[bilí:f]

★★★

◪ **pious** [형] 경건한, 신앙심이 깊은

[páiəs]

★★

◪ **propagation** [명] 전파, 선전

[prɑ̀pəgéiʃən]

★★★

◪ **convert** [동] 개종시키다, 변하게 하다

[kənvə́:rt]

▌covert A to christianity A를 기독교로 개종시키다

★★★

◪ **preach** [동] 설교하다, 전도하다

[prí:tʃ]

★

◪ **theism** [명] 유신론

[θí:izm]

★

◪ **atheism** [명] 무신론

[éiθiìzm]

▌atheist 무신론자

☑ **polytheism**
[páliθìːizm]
몡 다신교, 다신론

☑ **monotheism**
[mánəθìːizm]
몡 일신교

☑ **persecution**
[pə̀ːrsikjúːʃən]
몡 박해, 괴롭힘
▌ religious persecution 종교적인 탄압

☑ **fanatic**
[fənǽtik]
몡 광신자, 열광자
▌ religious fanatic 종교적 광신자

☑ **worship**
[wə́ːrʃip]
몡 예배, 숭배 동 숭배(예배)하다
▌ attend worship 예배에 참석하다

☑ **Christianity**
[krìstʃiǽnəti]
몡 기독교
▌ Christian 기독교 신자

☑ **Old Testament**
[óuld téstəmənt]
몡 구약
▌ New Testament 신약

***
☐ **bible**
[báibl]

명 성경, 성서

***
☐ **prophet**
[práfit]

명 예언자, 선지자

**
☐ **gospel**
[gáspəl]

명 복음, 복음서

❙ preach the Gospel 복음을 전하다

***
☐ **choir**
[kwáiər]

명 성가대, 합창단

***
☐ **Easter**
[íːstər]

명 부활절

***
☐ **holy**
[hóuli]

형 신성한, 성스러운

**
☐ **devout**
[diváut]

형 독실한, 절실한

**
☐ **Catholicism**
[kəθáləsìzm]

명 가톨릭교, 가톨릭주의

❙ Catholic 천주교 신자

★★★
☑ **cathedral** 　　　　　명 대성당
[kəθíːdrəl]
▌ a magnificent cathedral 장엄한 성당

★★
☑ **mass** 　　　　　명 미사, 미사 의식
[mæs]
▌ mass for the dead 고인을 위한 미사

★★
☑ **baptism** 　　　　　명 세례
[bǽptizm]
▌ a baptismal name 세례명

★★
☑ **christen** 　　　　　동 세례하여 기독교도로 만들다
[krísn]

★★
☑ **pope** 　　　　　명 로마 교황
[póup]

★★★
☑ **bishop** 　　　　　명 주교
[bíʃəp]
▌ a bishop designate 임명된 주교

★★
☑ **parish** 　　　　　명 교구
[pǽriʃ]
▌ a parish register 교구의 교적부

★★
☑ **cardinal**
[káːrdənl]
명 추기경

★★
☑ **monastery**
[mánəstèri]
명 수도원

★★★
☑ **monk**
[mʌ́ŋk]
명 수도사

★★
☑ **convent**
[kánvent]
명 수녀원

┃ go into a convert 수녀원에 들어가다, 수녀가 되다

★★
☑ **nun**
[nʌ́n]
명 수녀

★★★
☑ **clergyman**
[kláːrdʒimən]
명 목사, 성직자

┃ clergy 성직자들

★★★
☑ **priest**
[príːst]
명 성직자, 신부

★★
☑ **reverend**
[révərənd]
명 목사, 성직자, ~님

★★
☑ **pastor**
[pǽstər]
명 사제, 목사

★★★
☑ **missionary**
[míʃənèri]
명 선교사, 전도사

❚ missionary meeting 전도 집회

★★
☑ **Buddhism**
[búːdizm]
명 불교

❚ Buddha 부처

★★
☑ **Islam**
[islάːm]
명 이슬람교, 회교

★★★
☑ **Muslim**
[mΛ́zlim]
명 이슬람교도

★★
☑ **Hinduism**
[hínduːìzm]
명 힌두교

❚ Hindi 힌두교도

★★★
☑ **temple**
[témpl]
명 사원, 신전

❚ a historic temple 유서 깊은 사원
❚ the Temple of Apollo 아폴로 신전

Real McCoy 진짜 본인

1890년대 한 시대를 풍미했던 권투 선수 중에 키드 맥코이 (kid McCoy)라는 선수가 있었습니다. 텔레비전도 없던 시절에 이 선수의 이름은 유명했지만 이 선수의 얼굴이 널리 알려진 건 아니었죠. 그런데 이 선수는 외모가 전혀 위협적이지 못하여 그를 처음 본 사람들은 그가 키드 맥코이인 줄 전혀 눈치채지 못했을 뿐만 아니라 종종 키드 맥코이가 자신이 맥코이라고 주장하여도 절대 그럴 리 없다고 우겨대곤 하였습니다.

외모만 순둥이인 맥코이는 "네가 맥코이일 리가 없어."라는 말을 들으면 불같이 화를 내곤 했다고 합니다. 끝까지 맥코이의 말을 안 믿는 술취한 사람들은 발바닥이 땅과 수평이 아니라 수직이 되어야 했습니다.

자기가 진짜라는 것을 증명하려 했던 맥코이의 유명한 에피소드들은 널리 펴졌고 지금은 진짜 본인임을 말할 때 "리얼 맥코이"(real McCoy)라는 표현을 사용합니다.

New Toeic Vocabulary

07 문화와 예술

1. 문화와 역사

★★★

☑ **culture**
[kʌ́ltʃər]

영 문화, 정신 문명, 교양

┃ popular culture 대중 문화

★★★

☑ **civilization**
[sìvəlizéiʃən]

영 문명, 문명국, 문명 세계

★★★

☑ **development**
[divéləpmənt]

영 발달, 발전, 성장

★★

☑ **diffusion**
[difjúːʒən]

영 보급, 유포, 전파

┃ culture diffusion 문화의 전파

★★★

☑ **prosperity**
[prɑspérəti]

영 번영, 번창

★★★

☑ **advance**
[ædvǽns]

영 진보 동 진보시키다

┃ advance in culture 문화가 진보하다

★★★
☑ **historic**
[histɔ́:rik]
형 역사적으로 유명한, 역사의

★★★
☑ **historian**
[histɔ́:riən]
명 역사가, 사학자

★★★
☑ **site**
[sáit]
명 유적, 대지
▌ historic sites 유적지

★★★
☑ **heritage**
[héritidʒ]
명 유산, 전통, 재산
▌ cultural heritage 문화 유산

★★★
☑ **property**
[prápərti]
명 재산, 자산, 소유물
▌ cultural properties 문화재

★★
☑ **preservation**
[prèzərvéiʃən]
명 보존, 보호
▌ preservation of cultural properties 문화재 보존

★★★
☑ **ancient**
[éinʃənt]
형 고대의, 먼 옛날의
▌ ancient civilization 고대 문명

☑ **antique** ★★
[æntíːk]
형 고래의, 골동의
▎ an antique shop 골동품점

☑ **mythology** ★★
[miθάlədʒi]
명 신화
▎ Greek mythology 그리스 신화

☑ **legend** ★★★
[lédʒənd]
명 전설

☑ **relic** ★★
[rélik]
명 유물, 유품, 유적
▎ the Roman relics 로마 유적

☑ **architecture** ★★★
[áːrkətèktʃər]
명 건축 양식, 건축술
▎ Gothic architecture 고딕 건축 양식

☑ **fragment** ★★★
[frǽgmənt]
명 부서진 조각, 파편

☑ **palace** ★★★
[pǽlis]
명 궁전
▎ an ancient palace 고궁

★★★
burial
[bériəl]
명 매장, 토장

★★★
mound
[máund]
명 고분, 흙무더기
| royal burial mounds 왕릉

★★★
tomb
[túːm]
명 무덤
| an ancient tomb 고분

★★
pottery
[pátəri]
명 도자기, 도기류
| bake pottery 도자기를 굽다

★
artifact
[áːrtəfækt]
명 공예품, 인공 유물

★★★
monument
[mánjumənt]
명 기념물, 기념비
| a natural monument 천연 기념물

★★★
treasure
[tréʒər]
명 보물
| national treasure 국보

2. 관광

★★★
☑ **sightseeing**
[sáitsì:iŋ]

명 관광, 유람

★
☑ **tourism**
[túərizm]

명 관광 여행, 관광 사업

┃ tourism resource 관광 자원

★★★
☑ **tourist**
[túərist]

명 관광객, 여행자

★
☑ **itinerary**
[aitínərèri]

명 여행 일정

★★★
☑ **attraction**
[ətrǽkʃən]

명 끌어당김, 인기거리

┃ tourist attractions 관광 명소

★★
☑ **inducement**
[indjú:smənt]

명 유도, 유인

┃ inducement of tourist 관광객 유치

★★
☑ **brochure**
[bróuʃuər]
몡 팸플릿, 소책자

▌a travel brochure 관광 안내서

★★
☑ **bureau**
[bjúərou]
몡 안내소, (관청의) 국

▌a tourist bureau 관광 안내소

★★★
☑ **outlook**
[áutlùk]
몡 경치, 조망

★★★
☑ **scenery**
[sí:nəri]
몡 풍경

★★
☑ **scenic**
[sí:nik]
혱 경치의, 경치가 좋은

▌a place of scenic beauty 경치가 아름다운 장소

★★★
☑ **magnificent**
[mægnífəsnt]
혱 장대한, 화려한

▌a magnificent sight 장관

★★★
☑ **splendid**
[spléndid]
혱 화려한, 훌륭한

▌a splendid building 웅장한 건물

★★
☑ **exotic**　　　　　　　　　🔶 혱 이국 정서의, 이국적인
[igzátik]

┃ an exotic mood 이국적 정취

★★★
☑ **landscape**　　　　　　　　🔶 몡 풍경, 경치
[lǽndskèip]

★★★
☑ **resort**　　　　　　　　　　🔶 몡 휴양지
[rizɔ́:rt]

┃ a tourist resort 관광지

★★★
☑ **ruins**　　　　　　　　　　🔶 몡 옛터, 유적
[rú:inz]

┃ the ruins of ancient Greece 고대 그리스 유적

★★★
☑ **admission**　　　　　　　　🔶 몡 입장, 입장료
[ædmíʃən]

┃ an admission ticket 입장권

★★
☑ **souvenir**　　　　　　　　　🔶 몡 기념품, 토산품
[sù:vəníər]

★
☑ **indigenous**　　　　　　　　🔶 혱 토착의, 고유의
[indídʒənəs]

┃ an indigenous product 특산품

3. 영화

★★★
movie
[명] 영화

[mú:vi]

- go to the movies 영화 보러 가다

★★★
film
[명] 영화, 필름

[fílm]

- an action film 액션 영화
- a horror film 공포 영화
- a science fiction film 공상 과학 영화

★★★
production
[명] 영화 제작소, 생산, 제조

[prədʌ́kʃən]

- film production 영화 제작

★★★
producer
[명] 제작자, 생산자

[prədjú:sər]

- a film producer 영화 제작자

★★★
distribution
[명] 배급, 분배

[dìstrəbjú:ʃən]

- film distribution 영화 배급

★★★
☑ **director**   몡 감독, 연출가
[diréktər]
❙ an assistant director 조감독

★★★
☑ **actor**   몡 배우, 남자 배우
[ǽktər]
❙ a leading actor 주연 배우

★★★
☑ **actress**   몡 여배우
[ǽktris]
❙ a would-be actress 여배우 지망자

★★★
☑ **star**   동 주연하다, 두드러지다
[stáːr]

★★★
☑ **cast**   동 역을 배정하다
[kǽst]
❙ cast an actor for a play 연극의 배우를 선정하다

★★
☑ **stand-in**   몡 대역
[stǽndìn]

★★★
☑ **location**   몡 야외 촬영지, 위치 (선정)
[loukéiʃən]
❙ go on a location 야외 촬영을 가다

★★★
☑ **shoot**
[ʃúːt]
동 촬영하다

★★★
☑ **theater**
[θíːətər]
명 극장

┃ a movie theater 영화관

★
☑ **multiplex**
[mʌ́ltəplèks]
형 복합의, 다양한

┃ a multiplex cinema 복합 상영관

★★
☑ **box office**
[báks ɔ́ːfis]
명 매표소, (흥행) 수익

┃ box office record 흥행 실적

★★
☑ **viewer**
[vjúːər]
명 관객, 구경꾼

┃ viewer attraction 관객 동원

★
☑ **preview**
[príːvjùː]
명 시사회, 미리 보기

┃ give a preview 시사회를 열다

★
☑ **blockbuster**
[blákbʌ̀stər]
명 초(超)대작, 대 히트작

★
☑ **sequel**
[síːkwəl]

몡 속편, 후편

★★★
☑ **critic**
[krítik]

몡 비평가, 평론가

┃ movie critics 영화 평론가

★★★
☑ **nominate**
[námənèit]

통 추천하다, 이름을 올리다

★
☑ **nominee**
[nàməníː]

몡 추천[지명]된 사람, 후보

★★★
☑ **award**
[əwɔ́ːrd]

몡 상 통 수여하다

┃ Academy Awards 아카데미상

4. 공연, 전시회, 기타

★★★
☑ **concert**
[kánsəːrt]

몡 콘서트, 공연

┃ a rock concert 록 콘서트

★★★
☑ **symphony** 몡 교향곡, 심포니
[símfəni]

❙ a symphony orchestra 교향악단

★★★
☑ **conductor** 몡 지휘자
[kəndʌ́ktər]

❙ a guest conductor 객원 지휘자

★★★
☑ **instrument** 몡 악기, 기계
[ínstrəmənt]

❙ a wind instrument 관악기
❙ a string instrument 현악기

★
☑ **impromptu** 혱 즉흥의, 즉석에서
[imprámptju:]

★★★
☑ **performance** 몡 상연, 연기, 연주
[pərfɔ́:rməns]

★
☑ **repertoire** 몡 연주 목록, 레퍼토리
[répərtwà:r]

★★★
☑ **clap** 동 (손뼉을) 치다, 박수 치다
[klǽp]

❙ clap and applaud 박수갈채하다

★★★
☑ **applause**
[əplɔ́ːz]
명 박수갈채

★
☑ **standing ovation**
[stǽndiŋ ouvéiʃən]
명 기립 박수

★★★
☑ **exhibition**
[èksəbíʃən]
명 전시회, 전시

┃ hold an exhibition 전시회를 열다

★★★
☑ **display**
[displéi]
명 전시 동 전시하다

★★★
☑ **pavilion**
[pəvíljən]
명 전시관, 대형 천막

★★★
☑ **museum**
[mjuːzíːəm]
명 박물관

┃ an art museum 미술관

★★★
☑ **gallery**
[gǽləri]
명 화랑, 미술관

★★★
☑ **painting**
[péintiŋ]
명 그림, 회화

★★★
☑ **masterpiece**   명 걸작, 명작, 대표작
[mǽstərpìːs]

★★★
☑ **statue**   명 조각상, 상
[stǽtʃuː]

  ❚ a statue in bronze 청동상

★★★
☑ **sculpture**   명 조각, 조각술
[skʌ́lptʃər]

★★★
☑ **carve**   동 새기다, 베다
[káːrv]

  ❚ carve an image in wood 나무로 상을 조각하다

★★
☑ **plastic**   형 조형의, 인공의
[plǽstik]

  ❚ the plastic art 조형 미술

★★★
☑ **abstract**   형 추상적인, 추상파의
[æbstrǽkt]

  ❚ an abstract painter 추상파 화가

★★★
☑ **appreciate**   동 감상하다, 진가를 인정하다
[əpríːʃièit]

  ❚ appreciate art 예술을 감상하다

Robot 로봇, 인조인간

현대 공상과학 소설의 선구자들 중 한 사람인 체코의 극작가 카를 차페크는 "R. U. R."이라는 희곡을 발표했습니다. 희곡의 내용은 인간 형상을 가진 기계들이 자신들을 만들어 낸 사람들에 대항하여 폭동을 일으키는 것을 주된 내용으로 하고 있습니다.

차페크는 '일' 또는 '노역'을 의미하는 체코어 robota를 줄여서 이 희곡에 등장하는 한 기계인간의 이름을 robot이라고 붙였습니다. 그 희곡은 엄청난 인기를 얻었는데 아마도 1920년대의 희곡 중에 가장 성공적이면서도 가장 많은 논쟁을 불러일으킨 작품이었을 정도입니다. 이후 수많은 아류적인 작품들이 꾸준하게 쏟아져 나오면서 robot이란 단어는 인간을 대신하여 노동을 하는 기계를 의미하는 보통명사가 되었습니다.

현대의 기업들은 노동자를 대신하여 자신들을 위해 일해 줄 기계에 이 robot이라는 이름을 빌려다 쓰고 있고 기업의 필요에 의해 오늘날에는 로봇공학(robotics)이라는 학문까지 생겨났습니다.

New Toeic Vocabulary

08 언론과 출판

1. 신문과 잡지

***
☑ **newspaper**   영 신문
[njúːzpèipər]
▌ a daily newspaper 일간지

**
☑ **subscription**   영 구독, 신청, 기부
[səbskrípʃən]
▌ subscription fee 구독료

***
☑ **circulation**   영 발행 부수, 순환, 유통
[sə̀ːrkjəléiʃən]
▌ have a large circulation 발행 부수가 많다

*
☑ **newsstand**   영 가판대
[njúːzstænd]

***
☑ **journalist**   영 언론인
[dʒə́ːrnəlist]

**
☑ **reporter**   영 신문 기자, 취재 기자
[ripɔ́ːrtər]

***

□ **correspondent** 명 특파원, 통신원
[kɔ̀:rəspándənt]
┃ a foreign correspondent 해외 통신원

*

□ **on-site** 형 현장의, 현지의
[ánsàit]
┃ on-site reporting 현장 보도

***

□ **source** 명 출처, 근거
[sɔ́:rs]
┃ a news source 뉴스의 취재원

**

□ **coverage** 명 보도 (범위), 취재 (범위)
[kʌ́vəridʒ]
┃ exclusive coverage 독점 취재

***

□ **quote** 동 인용하다
[kwóut]

**

□ **anonymous** 형 익명의, 작자 불명의
[ənánəməs]
┃ an anonymous source 익명의 출처

**

□ **tip** 명 정보, 제보, 팁
[típ]

★
☑ **investigative**   ᆼ 조사의, 부정 폭로 보도의
[invéstigèitiv]

  ❚ an investigative reporter 부정 폭로 기자

★★★
☑ **article**   ᆼ 기사, 논설
[á:rtikl]

★★★
☑ **story**   ᆼ 기사, 기사거리
[stɔ́:ri]

  ❚ a front-page story 톱기사

★★★
☑ **column**   ᆼ (신문 등의) 난, 단(段), 칼럼
[kάləm]

  ❚ a three-column article 삼단 기사

★★★
☑ **section**   ᆼ (신문 · 잡지의) 난, 부분
[sékʃən]

  ❚ society section 사회란
  ❚ political section 정치란

★★
☑ **edit**   동 편집하다
[édit]

★★
☑ **cover story**   ᆼ 커버스토리
[kΛvər stɔ́:ri]

★★
☑ **scoop** 명 특종 기사
[skúːp]

┃ get a scoop on the election fraud 부정 선거의 특종을 내다

★★
☑ **feature** 명 연재 기사, 특집 기사
[fíːtʃər]

★★
☑ **commentary** 명 논평, 주석, 해설
[káməntèri]

┃ news commentary 뉴스 해설

★★★
☑ **editorial** 명 사설, 논설 형 사설[논설]의
[èdətɔ́ːriəl]

┃ the editorial column 논설란

★
☑ **objectivity** 명 객관성, 객관적 타당성
[àbdʒiktívəti]

┃ objectivity of the report 보도의 객관성

★
☑ **biased** 형 치우친, 편향된
[báiəst]

┃ a biased reporting 편파 보도

★★
☑ **headline** 명 큰 표제, 주요 제목
[hédlàin]

☑ deadline ★★
[dédlàin]

명 원고 마감 시간

┃ meet the deadline 마감 시간에 대다

☑ flyer ★★
[fláiər]

명 전단, 광고

☑ tabloid ★
[tǽblɔid]

명 타블로이드판 신문

☑ magazine ★★★
[mǽgəzí:n]

명 잡지

┃ March issue of a magazine 잡지의 3월호

2. TV, 방송

☑ broadcast ★★★
[brɔ́:dkæ̀st]

명 방송 동 방송하다

┃ a broadcasting station 방송국

☑ broadcaster ★★★
[brɔ́:dkæ̀stər]

명 방송인, 방송국

***
☑ **air**
[ɛ́ər]

명 방송 동 방송하다

▌on the air 방송 중에

*
☑ **televise**
[téləvàiz]

동 텔레비전으로 방송하다

**
☑ **relay**
[rí:lei]

명 중계 동 중계하다

▌a relay from the spot 실황 중계

***
☑ **network**
[nétwəːrk]

명 방송망, 네트워크

▌TV networks 텔레비전 방송망

***
☑ **record**
[rikɔ́:rd]

동 녹음하다, 녹화하다

▌broadcast a program recorded on video tape 녹화 방송을 하다

***
☑ **live**
[láiv]

형 생방송의, 생생한

▌a live satellite telecast 위성 생중계

***
☑ **audience**
[ɔ́:diəns]

명 청취자, 시청자, 청중

★★

☑ **subscriber**   명 가입자

[səbskráibər]

❚ a cable subscriber 유선 방송 가입자

★★

☑ **prime time**   명 (라디오 · TV의) 골든아워

[práim táim]

★★

☑ **family hour**   명 가족 시청 시간대

[fǽməli àuər]

★

☑ **reschedule**   동 예정을 다시 세우다

[rì:skédʒu(:)l]

❚ program rescheduling 프로그램 개편

★★★

☑ **outdoor**   형 야외의, 옥외의

[áutdɔ̀:r]

❚ an outdoor broadcasting van 중계차

★★★

☑ **anchor**   명 (뉴스 프로의) 종합 사회자

[ǽŋkər]

❚ anchorwoman 여성 사회자

★

☑ **newscast**   명 뉴스 방송

[njú:zkæ̀st]

❚ newscaster 뉴스 방송자

★★
☑ **commentator** 　명 해설자, 논평자
[káməntèitər]

▌ a news commentator 뉴스 해설자

★★
☑ **documentary** 　명 기록물, 다큐멘터리
[dàkjuméntəri]

▌ a hard-edged documentary 현실을 예리하게 묘사한 다큐멘터리

★★★
☑ **drama** 　명 드라마, 희곡, 연극
[drá:mə]

▌ drama series 연속극
▌ history drama series 사극

★
☑ **soap opera** 　명 연속 멜로[홈] 드라마
[sóup àpərə]

★★
☑ **continuity** 　명 대본, 콘티, 연속(성)
[kàntənjú:əti]

★★★
☑ **break** 　명 잠깐의 휴식, 휴게 시간
[bréik]

▌ a commercial break 광고 시간

★
☑ **spin-off** 　명 속편, 시리즈 프로
[spínɔ̀:f]

3. 광고

★★★
◪ **advertise** [동] 광고하다
[ǽdvərtàiz]
▮ an advertising agency 광고 대행사

★★★
◪ **advertisement** [명] 광고, 광고물
[ӕdvərtáizmənt]
▮ put an advertisement in ~ ~에 광고를 내다

★★
◪ **advertiser** [명] 광고주
[ǽdvərtàizər]

★★★
◪ **sponsor** [명] 광고주, 후원자, 보증인
[spάnsər]
▮ a sponsor program 상업 방송 프로그램 (스폰서가 후원하는)

★★★
◪ **publicity** [명] 홍보, 광고, 선전
[pʌblísəti]

★
◪ **billboard** [명] 광고 게시판
[bílbɔ̀ːrd]

★
☑ **handbill**　　　　　명 광고지, 전단
[hǽndbìl]

★★★
☑ **poster**　　　　　명 전단 광고, 벽보
[póustər]

★★
☑ **creative**　　　　　형 독창적인, 창조적인
[kriéitiv]
| be rich in creative talent 독창력이 풍부하다

★★
☑ **public relation (PR)**　　명 홍보 활동, 선전 계몽
[pʌ́blik riléiʃən]

★★★
☑ **commercial**　　　형 상업적인 명 광고 방송
[kəmə́ːrʃəl]
| commercial message (TV · 라디오의) 광고 방송(CM)
| commercial film 상업 광고용 필름(CF)

★★★
☑ **brand**　　　　　명 상표, 브랜드
[brǽnd]
| brand value 브랜드 가치

★★★
☑ **recognition**　　　명 인지도, 인식, 인지
[rèkəgníʃən]
| brand recognition 브랜드 인지도

☑ ★★★ **appeal**
[əpíːl]

> 동 마음에 호소하다, 흥미를 끌다

☑ ★ **catch phrase**
[kǽtʃ frèiz]

> 명 이목을 끄는 기발한 문구

☑ ★★★ **copy**
[kápi]

> 명 광고 문안, 카피, 복사

▌copywriter 광고 문안 작성자

☑ ★★★ **banner**
[bǽnər]

> 명 신문의 톱 전단에 걸친 제목

▌internet banner ads 인터넷 배너 광고

4. 출판

☑ ★★★ **publish**
[pábliʃ]

> 동 출판하다, 공표하다

▌a publishing company 출판사

☑ ★★★ **fiction**
[fíkʃən]

> 명 소설, 꾸민 이야기

★★
non-fiction
[nànfíkʃən]

⊛ 소설 · 이야기 외의 산문 문학

★★★
poetry
[póuitri]

⊛ 시, 시가, 운문

▮ epic poetry 서사시

★★★
essay
[ései]

⊛ 수필, 에세이

★★★
literature
[lítərətʃər]

⊛ 문학, 문예

▮ dramatic literature 극문학

★★★
reference
[réfərəns]

⊛ (서적 등의) 참조

▮ a reference book 참고서

★★★
biography
[baiágrəfi]

⊛ 전기, 일대기

▮ a fictional biography 전기 소설

★★
autobiography
[ɔːtoubaiágrəfi]

⊛ 자서전

▮ autobiographer 자서전 작가

***

☑ **author**
[ɔ́:θər]
명 저자, 작가

▮ a noted author 유명한 저자

***

☑ **editor**
[édətər]
명 편집자, 교정자

▮ the chief editor 편집장

**

☑ **compile**
[kəmpáil]
동 편집하다, 수집하다

▮ compile a reference book 참고서를 편집하다

*

☑ **proofread**
[prú:frì:d]
동 교정 보다

***

☑ **translate**
[trænsléit]
동 번역하다, 옮기다

***

☑ **volume**
[válju:m]
명 책, 부피, 양

▮ a work in three volumes 3권으로 된 저서

***

☑ **cover**
[kʌ́vər]
명 표지

▮ a cover design 표지 도안

★★★
☑ **table**   몡 일람표, 목록
[téibl]

▌ a table of contents 목차

★★★
☑ **illustration**   몡 삽화, 도해
[ìləstréiʃən]

★★★
☑ **index**   몡 색인
[índeks]

★★
☑ **binding**   몡 제책, 묶는 것
[báindiŋ]

▌ bookbindery 제본소

★★★
☑ **edition**   몡 (초판·재판의) 판(版)
[idíʃən]

▌ the first edition 초판

★★
☑ **revise**   동 개정하다, 수정하다
[riváiz]

▌ a revised edition 개정판

★★
☑ **copyright**   몡 저작권
[kápiràit]

▌ a copyright holder 저작권자

Boycott 보이콧, 불매 운동

옛날 아일랜드에 찰스 C. 보이콧(Charles C. Boycott) 대위는 언 백작의 토지를 관리하고 있었습니다. 그는 가혹한 관리인으로 악명을 날렸는데 지대를 지불하지 못하는 소작인들을 가혹한 감자 기근 시대임에도 불구하고 토지로부터 쫓아내었습니다. 이에 분노한 마을 주민들은 단결하여 조직적인 반대 운동을 하기 시작했습니다.

상인들은 보이콧 대위에게 물건을 팔지 않았고 그를 닮은 인형도 만들어 목을 매달아 대위가 사람들 앞에 나타나면 조롱을 퍼부었습니다. 일부 과격한 사람들은 언 백작의 집 담장을 무너뜨리기도 했죠. 집안일을 돌보던 하인들은 겁을 먹고 슬슬 다른 직업을 찾아 떠나기 시작하자 이 항의 운동은 성과를 드러내기 시작합니다. 보이콧 대위는 마침내 아일랜드를 떠나야 했고 이 항의 운동은 끝이 났지만 이 조직적인 항의 운동과 결부된 그의 이름은 기업, 국가, 또는 어떤 상품에 대한 거래까지 이를 거부하는 행동 모두를 일컫는 말로 사용되고 있습니다.

New Toeic Vocabulary

09 경제와 금융

1. 경제

★★★
☑ **economy**
[ikánəmi]
　명 경제, 절약

┃ economic 경제의　　　┃ economical 경제적인

★★★
☑ **fundamental**
[fʌndəméntl]
　명 기본, 근본　형 기본적인

┃ economic fundamentals 경제적 기초 여건

★
☑ **infrastructure**
[ínfrəstrʌktʃər]
　명 기본 시설, 경제 기반

★★★
☑ **business**
[bízinis]
　명 기업, 사업, 경기

★★★
☑ **household**
[háushòuld]
　명 가족, 가계　형 가정용의

┃ household economy 가계 경제

★★★
☑ **goods**
[gúdz]
　명 상품, 물품, 재화

★★
☑ **commodity**
[kəmádəti]
명 상품, 일용품, 필수품

★★★
☑ **merchandise**
[má:rtʃəndàiz]
명 상품, 제품 동 매매하다

★★★
☑ **product**
[prádʌkt]
명 생산품, 생산

▎production 생산, 제조, 제품

★★★
☑ **manufacture**
[mænjufǽktʃər]
명 제조, 제작 동 제조하다

▎steel manufacture 철강업

★★★
☑ **consume**
[kənsú:m]
동 소비하다, 다 써 버리다

▎consumer 소비자

★★★
☑ **purchase**
[pá:rtʃəs]
명 구매 동 구매하다

▎purchasing power 구매력

★★★
☑ **cost**
[kɔ́:st]
명 비용 동 비용이 들다

▎cut costs 비용을 절감하다

★★★
☑ **market** 　　　　명 시장, 시황, 시세
[máːrkit]

❙ market principle 시장 원리

★★★
☑ **price** 　　　　명 값, 가격
[práis]

❙ prices of commodities 물가

★★
☑ **fluctuation** 　　　명 변동, 오르내림
[flʌ̀ktʃuéiʃən]

❙ price fluctuation 물가 변동

★★
☑ **stabilize** 　　　　동 안정시키다
[stéibəlàiz]

★★★
☑ **inflation** 　　　　명 통화 팽창, 물가 폭등
[infléiʃən]

❙ runaway inflation 급진적인 인플레이션

★★
☑ **deflation** 　　　　명 통화 수축
[difléiʃən]

★★★
☑ **demand** 　　　　명 수요 　동 요구하다
[diménd]

❙ speculative demand 가수요

***
☑ **supply**
[səplái]
명 공급 동 공급하다

┃ an excessive supply 공급 과다

***
☑ **cycle**
[sáikl]
명 순환, 주기

┃ business cycle 경기 순환 주기

**
☑ **sluggish**
[slʌ́giʃ]
형 불경기의, 활발하지 못한

**
☑ **recession**
[riséʃən]
명 불경기, 경기 후퇴

┃ overcome the recession 불황을 극복하다

***
☑ **depression**
[dipréʃən]
명 불황, 불경기

┃ a world-wide depression 세계적인 불황

*
☑ **stagnation**
[stægnéiʃən]
명 침체, 정체

***
☑ **boom**
[búːm]
명 호황, 벼락 경기

┃ the cycle of boom and bust 호황과 불황의 순환

★★★
◪ **peak** [명] 정점, 최고점, 성수기
[pí:k]

★★
◪ **indicator** [명] 지표, 척도
[índikèitər]
▌an economic indicator 경제 지표

★★
◪ **boost** [명] 부양 [동] 부양하다
[bú:st]
▌boost the economy 경기를 부양하다

★★★
◪ **growth** [명] 성장, 발전
[gróuθ]
▌high growth of economy 고도의 경제 성장

★★★
◪ **promote** [동] 촉진하다, 증진하다
[prəmóut]
▌promote economic growth 경제 성장을 촉진하다

★★★
◪ **stimulate** [동] 활기를 띠게 하다, 자극하다
[stímjulèit]
▌stimulate the economy 경기를 부양시키다

★★
◪ **impede** [동] 방해하다, 지연시키다
[impí:d]

★★
◪ **retard** [동] 방해하다, 저해하다
[ritɑ́:rd]

★★★
◪ **competition** [명] 경쟁
[kɑ̀mpətíʃən]
▌keen international competition 치열한 국제 경쟁

★
◪ **globalization** [명] 세계화
[glòubəlizéiʃən]

★★★
◪ **reform** [동] 개혁하다, 개선하다
[ri:fɔ́:rm]
▌reform a system 제도를 개혁하다

★
◪ **collusion** [명] 공모, 담합
[kəlú:ʒən]
▌price collusion 가격 담합

★★★
◪ **monopoly** [명] 전매, 독점
[mənɑ́pəli]
▌the monopoly prohibition law 독점 금지법

★★
◪ **regulate** [동] 규제하다, 조절하다
[régjulèit]
▌regulate prices 물가를 조절하다

2. 무역

★★★
☑ **trade**
[tréid]
명 무역, 교역, 통상

▮ free trade 자유 무역

★★★
☑ **export**
[ékspɔːrt]
명 수출 동 수출하다

▮ a bounty on exports 수출 장려금

★★★
☑ **encourage**
[inkə́ːridʒ]
동 장려하다, 격려하다

★★★
☑ **import**
[ímpɔːrt]
명 수입 동 수입하다

★
☑ **letter of credit**
[létər əv krédit]
명 신용장(L/C)

▮ open a letter of credit 신용장을 개설하다

★★
☑ **invoice**
[ínvɔis]
명 송장

★★★
☑ **delivery** 　　　　명 인도, 납품, 배달
[dilívəri]
▌ a delivery port 인도항

★
☑ **customs clearance** 　명 통관
[kʌ́stəmz klíərəns]
▌ customs clearance fee 통관 수수료

★
☑ **barter** 　　　　동 교역하다, 물물교환하다
[báːrtər]

★★
☑ **intermediate** 　형 중간의, 중간에 일어나는
[ìntərmíːdiət]
▌ intermediate trade 중계 무역

★★★
☑ **balance** 　　　　명 수지 계정, 균형
[bǽləns]
▌ a balance of current accounts 경상 수지

★★★
☑ **surplus** 　　　　명 흑자, 잉여금
[sə́ːrplʌs]
▌ a trade surplus 무역 흑자

★★
☑ **deficit** 　　　　명 적자, 부족
[défəsit]

imbalance ★
[imbǽləns]
圀 불균형, 불안정
┃ the trade imbalance 무역 불균형

tariff ★★★
[tǽrif]
圀 관세

barrier ★★★
[bǽriər]
圀 장벽, 방벽
┃ lower trade barrier 무역 장벽을 낮추다

eliminate ★★★
[ilímənèit]
圐 제거하다

friction ★★
[fríkʃən]
圀 마찰, 충돌
┃ trade friction 무역 마찰

retaliation ★
[ritæliéiʃən]
圀 보복, 앙갚음
┃ trade retaliation 무역 보복

dumping ★
[dʌ́mpiŋ]
圀 덤핑, 투매
┃ anti-dumping complaint 반덤핑 제소

3. 금융과 은행

★★★
☑ **finance**
[finǽns]

명 재정, 재무

▌ public finance 국가 재정

★★★
☑ **financial**
[finǽnʃəl]

형 재정상의, 금융의

▌ financial resources 재원
▌ a financial crisis 금융 공황

★★★
☑ **currency**
[kə́ːrənsi]

명 통화, 화폐, 유통

▌ foreign currency 외화
▌ the amount of currency in circulation 통화량

★
☑ **issuance**
[íʃuəns]

명 발행, 배포

▌ currency issuance 화폐 발행

★★
☑ **monetary**
[mʌ́nətèri]

형 화폐의, 통화의, 금융의

▌ a monetary unit 화폐 단위

☑ denomination ★★
[dinàmənéiʃən]

명 (화폐 등의) 단위, 액면 금액

▌ a large denomination bill 고액권

☑ revaluation ★
[rì:væljuéiʃən]

명 평가 절상, 재평가

☑ devaluation ★
[di:væljuéiʃən]

명 평가 절하

☑ bank ★★★
[bǽŋk]

명 은행

▌ a government financed bank 국책 은행
▌ a commercial bank 시중 은행

☑ account ★★★
[əkáunt]

명 계좌, 거래, 예금(액)

▌ a savings account 저축 예금
▌ a checking account 당좌 예금

☑ bankbook ★
[bǽŋkbùk]

명 통장

☑ savings ★★★
[séiviŋz]

명 저금, 저축

★★★
deposit
[dipázit]

명 예금 동 예금하다

| a time deposit 정기 예금

★★★
withdraw
[wiðdrɔ́ː]

동 인출하다, 철회하다

| withdraw money from a bank 은행에서 돈을 인출하다

★
account balance
[əkáunt bǽləns]

명 잔고

★★
teller
[télər]

명 창구 직원

★★
transaction
[trænsǽkʃən]

명 거래, 업무, 처리

| cash transactions 현금 거래

★
remittance
[rimítəns]

명 송금, 송금액

| make a remittance 송금하다

★★★
fee
[fíː]

명 수수료, 보수, 사례금

| a remittance fee 송금 수수료

★★★
☑ **cash**　　　　　　　　　　명 현금　동 현금화하다
[kǽʃ]
┃ pay in cash 현금으로 지불하다

★★★
☑ **exchange**　　　　　　명 교환, 환전　동 교환(환전)하다
[ikstʃéindʒ]
┃ the exchange rate 환율

★★★
☑ **coin**　　　　　　　　　　명 동전, 주화
[kɔ́in]
┃ a copper coin 동화

★★★
☑ **bill**　　　　　　　　　　　명 지폐, 어음, 계산서
[bíl]
┃ break a large bill 고액 지폐를 소액 지폐로 헐다

★★
☑ **banknote**　　　　　　명 은행권, 지폐
[bǽŋknòut]

★★★
☑ **check**　　　　　　　　　명 수표
[tʃék]
┃ issue a check 수표를 발행하다

★★
☑ **endorse**　　　　　　　동 (어음 등에) 배서하다
[indɔ́:rs]

★★
☑ **bounce**
[báuns]
동 부도가 나서 되돌려지다

★★
☑ **ATM**
[eiti:em]
명 현금자동인출기
┃ ATM : Automatic Teller Machines

★★
☑ **PIN**
[pín]
명 비밀번호
┃ PIN : Personal Identification Number

★★
☑ **counterfeit**
[káuntərfit]
형 위조의 명 위조 물건
┃ counterfeit dollar bills 위조 달러 지폐

★★★
☑ **credit**
[krédit]
명 신용, 신용 판매, 대출금

★★★
☑ **installment**
[instɔ́:lmənt]
명 분할 불입(의 1회분)
┃ installment savings 적금

★★★
☑ **loan**
[lóun]
명 대부, 대출
┃ a credit loan 신용 대출   ┃ a secured loan 담보 대출

★★★
☑ **principal**
[prínsəpəl]
몡 원금

★★★
☑ **interest**
[íntərəst]
몡 이자, 이자율

❙ principal and interest 원리금

★★
☑ **mortgage**
[mɔ́ːrgidʒ]
몡 저당 동 저당 잡히다

❙ settlement of mortgage 저당권 설정

★★★
☑ **debt**
[dét]
몡 빚, 부채

❙ debt redemption 부채 상환

★★★
☑ **outstanding**
[àutstǽndiŋ]
혱 (부채 등이) 해결되지 않은

❙ outstanding debts 미불 채무

★
☑ **overdue**
[ðuvərdjúː]
혱 지불 기한이 넘은

★
☑ **delinquent**
[dilíŋkwənt]
혱 체납의, 비행을 저지른

❙ a delinquent list 체납자 명부

4. 주식과 채권

★★★
◪ **stock** [명] 주식
[stɑ́k]
▮ a stock market 주식 시장

★★★
◪ **share** [명] 주(株), 주식
[ʃέər]
▮ shares trading 주식 매매

★★★
◪ **securities** [명] 유가 증권
[sikjúərətiz]
▮ government securities 정부 발행 유가 증권

★
◪ **stockholder** [명] 주주
[stɑ́khòuldər]

★★
◪ **stock exchange** [명] 증권 거래소, 주식 거래
[stɑ́k ikstʃèindʒ]

★★
◪ **equities** [명] 보통주
[ékwətiz]

☑ **blue chip** ★★
[blúː tʃíp]
🅟 우량주

☑ **list** ★★★
[líst]
🅓 상장주 명부에 올리다
❙ listing shares 주식 상장

☑ **par value** ★
[páːr vǽljuː]
🅟 액면가

☑ **valuation** ★★
[væ̀ljuéiʃən]
🅟 평가, 평가액
❙ valuation of stock 주식 평가

☑ **volatile** ★★
[válətl]
🅗 심하게 변동하는
❙ a volatile market 변동성이 큰 시장

☑ **bull** ★★
[búl]
🅗 사는 쪽의 🅟 사는 쪽
❙ a bull market 강세장

☑ **bear** ★★
[béər]
🅗 내림 시세의 🅟 매도측
❙ a bear market 약세장

★★★
☑ **rally**　　　　　　　명 반등　동 반등하다
[rǽli]
┃ a rally in stocks 주가의 반등

★★★
☑ **plunge**　　　　　　　동 떨어지다, 추락하다
[plʌndʒ]

★★★
☑ **soar**　　　　　　　동 급상승하다, 폭등하다
[sɔ́:r]

★★
☑ **correction**　　　　　명 (일시적인) 조정, 반발
[kərékʃən]
┃ correction phase 조정 국면

★
☑ **futures**　　　　　　명 선물(先物), 선물 거래
[fjú:tʃərz]
┃ futures trading 선물 거래

★
☑ **arbitrage**　　　　　명 차액을 버는 거래
[á:rbətrà:ʒ]

★★
☑ **manipulation**　　　명 시장 조작, 조작된 가격
[mənìpjuléiʃən]
┃ stock price manipulation 주가 조작
┃ monetary manipulation 금융 조작

★★★
☑ **bond**　　　　　　　　명 채권, 차용 증서
[bánd]

▌ a treasury bond 국고 채권

★★★
☑ **issue**　　　　　　　　동 발행하다
[íʃuː]

★★★
☑ **yield**　　　　　　명 이윤율, 산출　동 산출하다
[jíːld]

▌ bond yield 채권 수익률

★★
☑ **maturity**　　　　　　명 만기일
[mətʃúərəti]

5. 보험

★★★
☑ **insurance**　　　　　　명 보험
[inʃúərəns]

▌ life insurance 생명 보험

★★★
☑ **policy**　　　　　　　명 보험 증권
[páləsi]

★★★
◪ **subscribe** [동] 청약하다, 기부를 약속하다
[səbskráib]
▌subscribe to a policy 보험을 청약하다

★
◪ **policyholder** [명] 보험 계약자
[pάləsihòuldər]

★
◪ **insured** [형] 보험에 가입한
[inʃúərd]
▌the insured 피보험자

★★★
◪ **risk** [명] 위험, 위험률, 피보험자[물]
[rísk]
▌a good risk (보험회사가 보아) 위험이 적은 피보험자[물]

★
◪ **beneficiary** [명] 수익자, 수혜인
[bènəfíʃəri]
▌an insurance beneficiary 보험 수익자

★★
◪ **coverage** [명] 보상, 보상 범위
[kʌ́vəridʒ]
▌take full coverage 종합 보험으로 하다

★★
◪ **premium** [명] 보험료, 할증금
[príːmiəm]

☑ **loading**
[lóudiŋ]

몡 부가 보험료, 할증

☑ **surrender**
[səréndər]

몡 보험 해약

▌ surrender value 중도 해약 반환금

☑ **assessor**
[əsésər]

몡 손해 사정인

6. 부동산

☑ **real estate**
[ríːəl istéit]

몡 부동산

▌ a real estate transaction 부동산 거래

☑ **residence**
[rézədəns]

몡 주거, 주택

☑ **lot**
[lát]

몡 부지, 용지, 지구

▌ house lots 주택 용지

★
☑ **brokerage**
[bróukəridʒ]
명 중개, 중개업

★★★
☑ **commission**
[kəmíʃən]
명 수수료

▮ a 10% commission 10퍼센트의 수수료

★
☑ **realtor**
[ríːəltər]
명 부동산업자

★★★
☑ **rent**
[rént]
명 임차료, 임대 동 임대하다

▮ pay high rent 높은 집세를 내다

★★★
☑ **landlord**
[lǽndlɔ̀ːrd]
명 집주인, 지주

★★★
☑ **tenant**
[ténənt]
명 입주자, 차용자

★
☑ **appraisal**
[əpréizəl]
명 값 매김, 평가, 감정

★★★
☑ **speculation**
[spèkjuléiʃən]
명 투기

Character 새겨진 문자, 평판, 성격

요즘은 문화가 상품이라고 하는 말을 자주 듣곤 합니다. 어떤 상품이든지 고부가가치가 되기 위해서는 그 상품이 일반 소비자에게 단지 기능성으로만 접근해서는 안 되고 캐릭터화되어야 합니다. 그래서 시내 어느 곳을 가 보아도 곳곳에 캐릭터들이 없는 곳이 없을 정도입니다.

그래서 캐릭터들은 모든 사람들로부터 사랑받을 수 있게 귀엽거나 예쁘거나 멋진 모습을 가지고 있습니다. 그러나 원래 캐릭터는 이와는 전혀 다른 약간은 무서운 의미를 가지고 있었습니다. 중세 법정에서 살인죄를 저지른 사람에게는 murder의 'M'자의 낙인을, 방화범에게는 arsonist의 'A'를 어깨나 이마에 찍었습니다. 법정에 의해 낙인 찍힌 이들은 평생 그 낙인을 가지고 살아야 했는데 그가 누군지 알지 못하는 사람들도 그의 몸에 새겨 있는 글자만 보면 그가 어떤 사람인지 알 수 있었습니다.

결국 원래는 '새겨진 글자'라는 의미인 캐릭터는 한 사람의 전반적인 성격을 나타내는 의미로 사용되게 되었습니다.

New
Toeic
Vocabulary

10 기업과 경영

1. 회사와 경영

★★★

☑ **firm**
[fə́:rm]

명 회사, 상사

★★★

☑ **corporation**
[kɔ̀:rpəréiʃən]

명 주식회사, 법인

▌a multinational corporation 다국적 회사

★★★

☑ **enterprise**
[éntərpràiz]

명 기업(체), 회사

▌a private enterprise 민영 기업

★

☑ **entrepreneur**
[ɑ̀:ntrəprəná:r]

명 기업가

★★★

☑ **capital**
[kǽpətl]

명 자본, 자산 형 자본의

★★★

☑ **founder**
[fáundər]

명 창립자, 설립자

▌the founder of the company 회사 창립자

★★★
☑ **establishment** 　　　명 설립, 창설
[istǽbliʃmənt]

▍an establishment committee 설립 위원회

★★★
☑ **incorporate** 　　　동 법인으로 만들다
[inkɔ́ːrpərèit]

▍incorporate a business 사업을 회사 조직으로 만들다

★★★
☑ **headquarters** 　　　명 본부, 본사
[hédkwɔ̀ːrtərz]

★★
☑ **branch office** 　　　명 지사, 지점
[brǽntʃ ɔ́ːfis]

★★
☑ **subsidiary** 　　　명 자회사, 보조자
[səbsídièri]

▍a local subsidiary 현지 법인

★★★
☑ **management** 　　　명 경영, 관리, 경영진
[mǽnidʒmənt]

▍management capability 경영 능력

★★
☑ **business manager** 　　　명 경영인
[bíznis mǽnidʒər]

▍a professional business manager 전문 경영인

☑ **run** ★★★
[rʌ́n]
동 경영하다, 관리하다

▌ run a factory 공장을 경영하다

☑ **expand** ★★★
[ikspǽnd]
동 넓히다, 확장하다

☑ **diversify** ★
[divə́ːrsəfài]
동 다각화하다, 다양화하다

▌ business diversification 사업 다각화

☑ **innovative** ★
[ínəvèitiv]
형 혁신적인

☑ **streamline** ★
[stríːmlàin]
동 합리화하다, 능률적으로 하다

▌ streamline the business 사업을 능률화하다

☑ **core** ★★
[kɔ́ːr]
명 핵심 형 핵심의, 중심적인

▌ core business 핵심 사업

☑ **partnership** ★★
[páːrtnərʃìp]
명 협력, 제휴

▌ strategic partnership 전략적 제휴

☑ **offshore** 　　　　형 국외에서 정한, 해외의
[ɔ́:fʃɔ̀:r]

　▍ offshore production 해외 생산

☑ **downsize** 　　　　동 축소하다, 소형화하다
[dàunsáiz]

☑ **deteriorate** 　　　　동 악화시키다, 나빠지다
[ditíəriərèit]

　▍ deterioration of business 경영 악화

☑ **insolvent** 　　　　형 지불 불능한, 파산의
[insálvənt]

　▍ an insolvent company 부실 기업

☑ **sound** 　　　　형 견실한, 안전한
[sáund]

　▍ financial soundness 재무 건전성

☑ **bankrupt** 　　　　형 도산한, 파산한
[bǽŋkrʌpt]

　▍ bankruptcy 파산, 도산

☑ **restructure** 　　　　동 개혁하다, 구조 조정하다
[rì:strʌ́ktʃər]

★
☐ **merger**　　　　　　　　　　명 합병
[mə́ːrdʒər]
▌ friendly merger 우호적 합병

★★
☐ **acquisition**　　　　　　　　명 인수, 획득
[æ̀kwəzíʃən]
▌ merger and acquisition 인수 합병(M&A)

★
☐ **takeover**　　　　　　　　　　명 경영권 취득, 인계
[téikòuvər]
▌ hostile takeover 적대적 합병

2. 인사 관리

★★
☐ **personnel**　　　　　　형 인사의, 직원의　명 전직원
[pə̀ːrsənél]
▌ personnel management 인사 관리
▌ a personnel department 인사과

★★★
☐ **executive**　　　　　　형 관리의, 중역의　명 중역
[igzékjutiv]
▌ Chief Executive Officer 최고 경영자(CEO)

★★★
☑ **chief** 　　　명 (조직의) 장　형 최고의
[tʃíːf]

▌a section chief 과장
▌Chief Finance Officer 재무 총괄 임원

★★★
☑ **chairman** 　　　명 의장, 사회자, 회장
[tʃέərmən]

▌Chairman of the Board (회사 등의) 회장

★★★
☑ **president** 　　　명 사장
[prézədənt]

▌Vice President 부사장

★★★
☑ **director** 　　　명 이사
[diréktər]

▌Managing Director 상무 이사
▌Senior Managing Director 전무 이사

★★★
☑ **representative** 　　　명 대표자, 대리인
[rèprizéntətiv]

▌Representative Director 대표 이사

★★
☑ **adviser** 　　　명 고문
[ædváizər]

▌a legal advisor 법률 고문

★★★
☑ **manager** 　　　　　　명 과장, 실장, 책임자
[mǽnidʒər]

❙ General Manager 부장
❙ Assistant Manager 대리

★★
☑ **deputy** 　　　　　　명 대리인, 대리역
[dépjuti]

❙ Deputy General Manager 차장

★★
☑ **auditor** 　　　　　　명 감사
[ɔ́:dətər]

★★★
☑ **promotion** 　　　　　　명 승진, 진급
[prəmóuʃən]

★★★
☑ **department** 　　　　　　명 부, 부서
[dipá:rtmənt]

❙ Sales Department 영업부

★★★
☑ **division** 　　　　　　명 (회사의) 부, 국, 과
[divíʒən]

❙ IT Division IT 부서

★★★
☑ **transfer** 　　　　　　동 전근하다, 이동하다
[trænsfə́:r]

★★
☑ **replacement**
[ripléismənt]
명 후임자, 교체자

★★
☑ **evaluation**
[ivǽljuéiʃən]]
명 평가

❚ performance evaluation 근무 평가

★★
☑ **supervisor**
[sjú:pərvàizər]
명 감독자, 상사 직원

❚ an immediate supervisor 직속 상관

★
☑ **oversee**
[òuvərsíː]
동 감독하다

★★
☑ **subordinate**
[səbɔ́ːrdənət]
명 부하 직원, 하급자

★★
☑ **colleague**
[káliːg]
명 동료

★★
☑ **peer**
[píːər]
명 동등한 사람, 동료

★★★
☑ **reward**
[riwɔ́ːrd]
명 보수, 상 동 보상하다

***

☑ **pay**
[péi]

명 봉급, 보수　동 지불하다

***

☑ **hire**
[háiər]

동 고용하다, 채용하다

▍ hire a clerk 점원을 고용하다

**

☑ **applicant**
[숺plikənt]

명 응모자, 지원자

*

☑ **white-collar**
[hwáitkálər]

형 사무직의, 두뇌 노동직의

▍ blue-collar 작업복의, 육체 노동자의

***

☑ **career**
[kəríər]

명 직업, 경력, 이력

*

☑ **inexperienced**
[ìnikspíəriənst]

형 경험이 없는, 미숙한

*

☑ **trainee**
[treiníː]

명 훈련 받는 사람, 수습 사원

***

☑ **resign**
[rizáin]

동 사직하다, 사임하다

3. 회계와 재무

★★
☑ **accounting** 　　　　명 회계
[əkáuntiŋ]
❚ accounting standards 회계 기준

★★
☑ **accountant** 　　　　명 회계사, 경리 사무원
[əkáuntənt]
❚ certified public accountant 공인회계사(CPA)

★
☑ **debit** 　　　　명 차변, 차변 기입
[débit]

★★★
☑ **credit** 　　　　명 대변, 대변 기입
[krédit]

★★★
☑ **entry** 　　　　명 기입, 기장
[éntri]

★★★
☑ **statement** 　　　　명 대차표, 일람표, 보고서
[stéitmənt]
❚ financial statements 재무 제표

☑ **★ balance sheet** 　(명) 대차 대조표
[bǽləns ʃiːt]
❚ a black[red] balance sheet 흑[적]자 대차 대조표

☑ **★ break-even** 　(형) 수입액이 지출액과 맞먹는
[bréikíːvən]
❚ the break-even point 손익 분기점

☑ **★★★ profit** 　(명) 이익, 이득, 흑자
[práfit]
❚ gross profit 총이익

☑ **★ profitability** 　(명) 수익성
[prǎfitəbíliti]

☑ **★ increment** 　(명) 증가, 증식, 이윤
[ínkrəmənt]

☑ **★★ net** 　(형) 에누리없는, 순…
[nét]
❚ net earnings 순이익

☑ **★★★ expense** 　(명) 지출, 비용, 경비
[ikspéns]
❚ cut down expenses 비용을 절감하다

***
☑ **reduction**　　　　　　명 축소, 삭감
[ridʌ́kʃən]
❚ cost reduction 비용 축소

***
☑ **fixed**　　　　　　　　형 고정된, 불변의
[fíkst]
❚ fixed cost 고정 비용

**
☑ **variable**　　　　　　　형 가변의, 변하기 쉬운
[vɛ́əriəbl]
❚ variable cost 가변 비용

**
☑ **overhead**　　　　　　명 총경비, 간접비
[óuvərhèd]

**
☑ **assets**　　　　　　　명 자산, 재산
[ǽsets]
❚ current assets 유동 자산

**
☑ **depreciation**　　　　　명 감가상각, 가치 하락
[dipri:ʃiéiʃən]
❚ depreciation account 감가상각 계정

**
☑ **liabilities**　　　　　　명 부채, 채무
[làiəbílətiz]

4. 생산

★★★
☑ **plant**
[plǽnt]

명 공장, 생산 시설

▌ a manufacturing plant 제조 공장

★★★
☑ **factory**
[fǽktəri]

명 공장, 제조소

★★
☑ **productivity**
[pròudʌktívəti]

명 생산성, 생산력

★
☑ **uptime**
[úptàim]

명 (기계 등의) 가동 시간

▌ downtime 비가동 시간

★★★
☑ **facility**
[fəsíləti]

명 설비, 시설

▌ production facilities 생산 설비

★★★
☑ **equipment**
[ikwípmənt]

명 장비, 비품, 설비

★★★
◪ **latest** [형] 최신의, 최근의
[léitist]

★
◪ **outdated** [형] 구식의, 시대에 뒤떨어진
[àutdéitid]
▌outdated facilities 노후 설비

★
◪ **specification** [명] 명세서, 설명서
[spèsəfikéiʃən]
▌product specification 제품 사양

★★★
◪ **feature** [명] 특징, 특색
[fíːtʃər]
▌product feature 제품 특징

★★★
◪ **performance** [명] 성능, 효율
[pəːrfɔ́ːrməns]
▌product performance test 제품 성능 테스트

★★★
◪ **function** [명] 기능, 작용
[fʌ́ŋkʃən]

★
◪ **built-in** [형] (기계 등이) 내장된
[bíltín]
▌a camera with a built-in computer 컴퓨터가 내장된 카메라

☑ **high-end** ⭐
[háiénd]
형 최고급의, 고성능의

▌low-end 저급의, 보급형의

☑ **quality** ⭐⭐⭐
[kwáləti]
명 질, 품질

▌quality management 품질 관리

☑ **hallmark** ⭐
[hɔ́:lmàːrk]
동 품질을 보증하다

☑ **defective** ⭐⭐
[diféktiv]
형 결함이 있는

▌recall defective goods 불량품을 회수하다

☑ **inventory** ⭐⭐
[ínvəntɔ̀ːri]
명 목록, 재고품, 재고 조사

▌inventory adjustment 재고 정리

☑ **outsourcing** ⭐
[àutsɔ́ːrsiŋ]
명 외주, 아웃소싱

☑ **efficiency** ⭐⭐⭐
[ifíʃənsi]
명 능률, 효율

▌efficiency of labor 노동 능률

New Toeic Vocabulary

11 과학과 기술

1. 과학과 우주

☑ **technology** ★★
[teknálədʒi]

圀 과학 기술, 생산 기술

❚ core technology 핵심 기술

☑ **research** ★★★
[risə́ːrtʃ]

圀 연구, 과학적 탐구

❚ research and development 연구 개발

☑ **nanotechnology** ★
[nǽnəteknálədʒi]

圀 나노테크놀러지 (반도체 등 미세 가공 기술)

☑ **robotics** ★
[roubátiks]

圀 로봇 공학

☑ **quantum** ★
[kwántəm]

圀 (물리) 양자

❚ Quantum Physics 양자 물리학

☑ **mechatronics** ★
[mèkətrániks]

圀 기계공학과 전자공학을 통합한 학문 분야

★
☑ **astrophysics**   명 천체 물리학
[æ̀stroufíziks]

★
☑ **aerospace**   명 항공 우주, 우주 과학
[ɛ́ərouspèis]
▌the aerospace industry 항공 우주 산업

★★★
☑ **space**   명 우주, 공간, 장소
[spéis]
▌a space station 우주 정거장

★★★
☑ **universe**   명 우주, 은하계
[júːnəvəːrs]
▌the origin of the universe 우주의 기원

★★
☑ **cosmos**   명 우주, 질서, 조화
[kázməs]

★★★
☑ **exploration**   명 탐험, 답사
[èkspləréiʃən]
▌space explorations 우주 탐험

★★
☑ **probe**   명 탐색기, 탐사용 로켓
[próub]
▌lunar probes 달 탐색기

★★
☑ **astronaut**
[ǽstrənɔ̀ːt]
몡 우주 비행사

★★
☑ **spacecraft**
[spéiskræ̀ft]
몡 우주선

▮ a manned spacecraft 유인 우주선

★
☑ **space shuttle**
[spéis ʃʌ̀tl]
몡 우주 왕복선

★★★
☑ **orbit**
[ɔ́ːrbit]
몡 궤도

▮ orbit motion 공전 운동

★★★
☑ **gravity**
[grǽvəti]
몡 중력

▮ zero gravity 무중력 (상태)

★★★
☑ **solar**
[sóulər]
혱 태양의, 태양에 관한

▮ solar spots 태양 흑점

★★
☑ **lunar**
[lúːnər]
혱 달의, 태음의

▮ a lunar landing ship 달 착륙선

★★
☑ **eclipse** 　　　　　　명 (해·달의) 식
[iklíps]

　▌ a solar eclipse 일식
　▌ a partial eclipse of the sun 부분 일식

★★
☑ **galaxy** 　　　　　　명 은하, 은하수
[gǽləksi]

　▌ Milky Way Galaxy 은하계

★★★
☑ **earth** 　　　　　　명 지구
[ə́ːrθ]

　▌ the earth's surface 지구 표면

★★
☑ **Mars** 　　　　　　명 화성
[máːrz]

　▌ a Martian (SF 소설 등의) 화성인

★★★
☑ **Mercury** 　　　　　　명 수성
[mə́ːrkjuri]

★★★
☑ **Jupiter** 　　　　　　명 목성
[dʒúːpətər]

★★
☑ **Venus** 　　　　　　명 금성
[víːnəs]

Saturn ★★
[sǽtərn]
명 토성

▌ Saturn's rings 토성의 고리

Uranus ★
[júərənəs]
명 천왕성

Pluto ★
[plúːtou]
명 명왕성

Neptune ★★
[néptjuːn]
명 해왕성

observatory ★★
[əbzə́ːrvətɔ̀ːri]
명 관측소, 천문대

▌ a space observatory 우주 관측소

telescope ★★
[téləskòup]
명 천체 망원경

▌ an astronomical telescope 우주 천체 망원경

planet ★★★
[plǽnit]
명 행성, 혹성, 위성

▌ major[minor] planets 대[소]행성
▌ an artificial planet 인공 행성

★
☑ **asteroid**　　　　　명 소행성
[ǽstərɔ̀id]

★★
☑ **meteor**　　　　　명 유성
[míːtiər]

▮ a meteoric shower 유성우

★★
☑ **constellation**　　　　　명 별자리, 성좌
[kànstəléiʃən]

★★★
☑ **satellite**　　　　　명 위성, 인공 위성
[sǽtəlàit]

▮ a communication satellite 통신 위성

2. 생명 공학

★
☑ **gene**　　　　　명 유전자, 유전 인자
[dʒíːn]

★
☑ **genetic**　　　　　형 유전학적인, 유전의
[dʒənétik]

▮ genetic engineering 유전 공학

★★

◪ **dominant** [형] 우성의, 지배적인

[dɑ́mənənt]

▌a dominant gene 우성 유전자

★

◪ **recessive** [형] 열성의, 후퇴하는

[risésiv]

★★★

◪ **cell** [명] 세포

[sél]

▌cell division 세포 분열

★

◪ **chromosome** [명] 염색체

[króuməsòum]

★★★

◪ **code** [명] 암호, 정보

[kóud]

▌genetic code 유전자 정보

★★★

◪ **tissue** [명] 조직, 직물, 화장지

[tíʃuː]

▌nervous tissue 신경 세포

★★★

◪ **culture** [명] 배양 [동] 배양하다

[kʌ́ltʃər]

▌tissue culture technology 조직 배양 기술

★
therapy
[θérəpi]
　　　　　　　　　명 치료, 요법

❚ gene therapy 유전자 치료

★
clone
[klóun]
　　　　　　　　　명 복제 생물

❚ cloning of animals 동물의 복제

★★★
stem
[stém]
　　　　　　　　　명 줄기, 대

❚ stem cells 줄기 세포

★★
embryo
[émbriðu]
　　　　　　　　　명 태아, 배아

❚ human embryo cloning 인간 배아 복제

★★
fusion
[fjú:ʒən]
　　　　　　　　　명 용해, 융합

❚ cell fusion technology 세포 융합 기술

★
recombination
[rì:kɑmbənéiʃən]
　　　　　　　　　명 재조합, 재결합

★
bioethics
[bàiouéθiks]
　　　　　　　　　명 생명 윤리학

3. 정보 통신

***
☑ **information** 　　　명 정보
[ìnfərméiʃən]
┃ information technology 정보 기술(IT)

***
☑ **communication** 　　　명 통신, 전달
[kəmjù:nəkéiʃən]
┃ communication network 통신망

*
☑ **telecommunication** 　　　명 전기 통신, 전자 통신
[tèləkəmjù:nikéiʃən]

*
☑ **wired** 　　　형 유선의
[wáiərd]
┃ wired telephone 유선 전화

***
☑ **wireless** 　　　형 무선의
[wáiərlis]

**
☑ **transmit** 　　　동 전송하다, 전하다
[trænsmít]

★★
☑ **transmission**
[trænsmíʃən]

몡 전송, 전달

▎data transmission speed 전송 속도

★★★
☑ **receive**
[risíːv]

동 수신하다

★★
☑ **packet**
[pǽkit]

몡 한 번에 전송하는 정보 조작 단위(양)

★★
☑ **frequency**
[fríːkwənsi]

몡 주파수

▎a frequency band 주파수대

★★★
☑ **radio**
[réidiòu]

몡 무선 통신 혱 무선의

▎radio wave 무선 전파
▎radio[wireless] communication 무선 통신

★
☑ **jamming**
[dʒǽmiŋ]

몡 전파 방해

★
☑ **modulation**
[màdʒuléiʃən]

몡 변조

▎frequency modulation 주파수 변조

4. 전화와 휴대폰

★★★
☑ **telephone**　　　　명 전화
[téləfòun]
┃ telephone number 전화 번호

★★★
☑ **receiver**　　　　명 수화기, 수취인
[risí:vər]
┃ pick up the receiver 수화기를 들다

★★
☑ **area code**　　　　명 지역 번호
[έəriə koud]

★★
☑ **directory**　　　　명 주소 성명록
[diréktəri]
┃ directory assistance 전화 안내 서비스

★★★
☑ **phone book**　　　　명 전화번호부
[fóun bùk]

★★★
☑ **pay phone**　　　　명 공중 전화
[péi fòun]

★★★
☑ **operator**
[ápərèitər]

몡 (전화국의) 교환원

★★★
☑ **extension**
[iksténʃən]

몡 내선, 구내 전화

▌ extension number 내선 번호

★★
☑ **collect call**
[kəlékt kɔ́ːl]

몡 수신자 부담 통화

★
☑ **toll-free**
[tóulfrìː]

혱 무료 장거리 전화의, 무료의

★★
☑ **long distance call**
[lɔ́ːŋ dístəns kɔ́ːl]

몡 시외 통화, 장거리 통화

★★
☑ **local call**
[lóukəl kɔ́ːl]

몡 시내 통화

★★★
☑ **interruption**
[ìntərʌ́pʃən]

몡 중단, 방해, 불통

▌ telegraphic interruption 전신 불통

★★
☑ **static**
[stǽtik]

몡 (수신기의) 잡음

★★★
☑ **signal**   영 **신호**
[sígnəl]

┃ busy signal 통화 중 신호

★★★
☑ **tone**   영 **음, 음조**
[tóun]

┃ dial tone 통화음

★★
☑ **mobile**   형 **이동할 수 있는**
[móubəl]

┃ a mobile phone 이동 전화
┃ mobile communications 이동 통신

★★
☑ **cellular phone**   영 **휴대 전화**
[séljulər foun]

★★★
☑ **device**   영 **장치, 설비, 기기**
[diváis]

┃ communication device 통신 기기

★
☑ **pager**   영 **무선 호출기**
[péidʒər]

★★
☑ **vibration**   영 **진동, 떨림**
[vaibréiʃən]

★
☑ **base station**　　　　　명 기지국
[béis stèiʃən]

★
☑ **handset**　　　　　명 단말기, 송수화기
[hǽndsèt]
┃ mobile handset 이동 단말기

★★
☑ **termination**　　　　　명 해지, 종료, 종결
[tə:rmənéiʃən]

5. 컴퓨터와 인터넷

★★★
☑ **hardware**　　　　　명 하드웨어, 철물
[há:rdwὲər]

★★★
☑ **software**　　　　　명 소프트웨어
[sɔ́:ftwὲər]
┃ a software developer 소프트웨어 개발자

★★★
☑ **process**　　　　　동 (정보 · 데이터를) 처리하다
[práses]
┃ Central Processing Unit 중앙 처리 장치(CPU)

☑ **desktop**
[désktàp]

명 데스크탑 컴퓨터

☑ **laptop computer**
[lǽptàp kəmpjú:tər]

명 휴대용 컴퓨터

☑ **peripheral**
[pərífərəl]

형 주변의, 주변 장치의

▮ peripheral device 주변 장치

☑ **main unit**
[méin jú:nit]

명 본체

☑ **compatibility**
[kəmpæ̀təbíləti]

명 호환성

☑ **recognize**
[rékəgnàiz]

동 인식하다, 인정하다

☑ **binary**
[báinəri]

형 2진법의, 둘의

▮ binary system 2진법

☑ **decimal**
[désəməl]

형 십진법의

★
☑ **bit**
[bít]
명 비트(정보 전달의 최소 단위)

★
☑ **byte**
[báit]
명 바이트(정보 단위)

★
☑ **configuration**
[kənfìgjuréiʃən]
명 환경 설정, 구성

★
☑ **multitasking**
[mÀltitǽskiŋ]
명 다중 처리

★
☑ **malfunction**
[mælfÁŋkʃən]
명 고장, 장애

system malfunction 시스템 장애

★★
☑ **operating system**
[ápərèitiŋ sístəm]
명 운영 체계(O/S)

★★
☑ **identification**
[aidèntəfikéiʃən]
명 신분 확인, 신분증(ID)

user ID 사용자 ID

★★★
☑ **password**
[pǽswəːrd]
명 암호

★
☑ **authentication**　　　　명 인증
　[əːθèntikéiʃən]

★★★
☑ **certificate**　　　　명 증명서, 인증서
　[sərtífikət]

　┃ an electronic certificate 전자 인증서

★
☑ **fire wall**　　　　명 방화벽
　[fáiər wɔ́ːl]

★★
☑ **database**　　　　명 데이터베이스, 정보 축적
　[déitəbèis]

　┃ create a new database 새 데이터베이스를 만들다

★★
☑ **storage**　　　　명 저장, 기억 장치
　[stɔ́ːridʒ]

　┃ a mass storage device 대용량 기억 장치

★★★
☑ **connection**　　　　명 접속, 연결
　[kənékʃən]

　┃ internet connection 인터넷 접속

★★
☑ **log in**　　　　동 접속하다, 사용 개시하다
　[lɔ́ːg ìn]

　┃ log out 사용을 종료하다

★★★
☑ **access** 명 접근, 접속
[ǽkses]

▌ internet access fee 인터넷 접속료

★
☑ **cyberspace** 명 사이버스페이스, 가상 공간
[sáibərspèis]

★
☑ **anonymity** 명 익명, 무명
[æ̀nəníməti]

▌ anonymous 익명의

★★
☑ **query** 명 질문, 조회
[kwíəri]

▌ the number of queries 조회 수

★★★
☑ **search** 동 찾다, 검색하다
[sə́ːrtʃ]

▌ search for information 정보를 검색하다

★★★
☑ **chat** 명 잡담 동 잡담하다
[tʃǽt]

▌ have a chat with ~ ~와 잡담하다

★
☑ **e-commerce** 명 전자 상거래
[íːkàmərs]

영 어 단 어 의 유 래

White Elephant 성가신 물건, 무용지물

흰색 코끼리는 염색체 이상으로 생기는 돌연변이지만 옛날 사람들에게는 희귀하고 신성시되는 동물이었습니다. 현재의 태국은 옛날에는 샴이라고 불리었는데 샴의 왕실 사람들은 흰색 코끼리를 소유할 수 있는 거의 유일한 특권 계급이었습니다. 그래서 그들은 방문자들에게 흰색 코끼리를 보여 주고 감탄을 얻어내곤 하였습니다.

그 밖의 용도로도 이 흰색 코끼리는 사용되었는데 왕실 사람들이 그 누군가에게 화가 나면 그에게 직접적인 벌을 주는 것보다 훨씬 고상한 방법으로 그를 괴롭힐 수 있었습니다. 바로 흰색 코끼리를 선물로 주어 그가 흰색 코끼리를 돌보느라고 모든 시간을 낭비하고 신경쓰게 만드는 것이었습니다.

이를 본 영국인들은 하얀 코끼리라는 말을 지어 가치는 있지만 쓸모 없고 없애버리고 싶지만 없앨 수도 없는 물건을 지칭하는 데 사용하였습니다.

New Toeic Vocabulary

12 환경과 에너지

1. 환경

***
☑ **environment** 　　　명 환경
[inváiərənment]
┃ environmental preservation 환경 보존

*
☑ **ecosystem** 　　　명 생태계
[ékousìstəm]

***
☑ **protection** 　　　명 보호, 옹호
[prətékʃən]
┃ environmental protection campaign 환경 보호 운동

**
☑ **conservation** 　　　명 보호, 보존
[kànsərvéiʃən]

***
☑ **destruction** 　　　명 파괴
[distrʌ́kʃən]

**
☑ **contaminate** 　　　동 오염시키다, 더럽히다
[kəntǽmənèit]
┃ contaminate a river with sewage 하수로 강을 오염시키다

★
☑ **deterioration** 　　몡 악화, 하락, 퇴보
[ditìəriəréiʃən]

★★★
☑ **pollution** 　　몡 오염, 공해
[pəlúːʃən]
┃ atmospheric pollution 대기 오염

★
☑ **pollutant** 　　몡 오염 물질
[pəlúːtnt]
┃ a water pollutant 수질 오염 물질

★
☑ **toxic** 　　혱 유독한, 치명적인
[táksik]
┃ toxic substance 유독 물질

★★
☑ **carbon dioxide** 　　몡 이산화탄소
[káːrbən dàiáksaid]

★★
☑ **emit** 　　동 내뿜다, 배출하다
[imít]
┃ emit carbon gas 탄산가스를 배출하다

★★★
☑ **smog** 　　몡 스모그, 연무
[smág]
┃ factory smog 공장 연기

★★★
☑ **dust** 명 먼지, 분진
[dʌ́st]

★★★
☑ **fume** 명 연기, 독기
[fjúːm]
┃ exhaust fumes 배기 가스

★★
☑ **combustion** 명 연소, 산화
[kəmbʌ́stʃən]
┃ incomplete combustion 불완전 연소

★
☑ **ozone** 명 (화학) 오존
[óuzoun]
┃ destruction of the ozone layer 오존층 파괴

★
☑ **warming** 명 따뜻하게 함
[wɔ́ːrmiŋ]
┃ global warming 지구 온난화

★★
☑ **greenhouse** 명 온실
[gríːnhàus]
┃ greenhouse effect 온실 효과

★★
☑ **acid rain** 명 산성비
[ǽsid rein]

★
☑ **red tide**
[réd táid]
　명 적조 현상

★★★
☑ **spill**
[spíl]
　명 유출　동 엎지르다

▌ oil spill 기름 유출

★★★
☑ **monitor**
[mánətər]
　동 감시하다

▌ environmental monitoring 환경 감시

★
☑ **watchdog**
[wátʃdɔ̀:g]
　명 감시인, 감시견

★
☑ **recycle**
[rìːsáikl]
　동 재생하여 이용하다

2. 쓰레기

★★★
☑ **waste**
[wéist]
　명 쓰레기　동 낭비하다

▌ industrial waste 산업 폐기물

***
☑ **garbage**
[gɑ́ːrbidʒ]

몡 음식 찌꺼기, 쓰레기

┃ a garbage can 쓰레기 통

**
☑ **dump**
[dʌ́mp]

툉 내버리다, 쏟아 버리다

┃ dump waste 쓰레기를 투기하다

***
☑ **treatment**
[tríːtmənt]

몡 취급, 처리

┃ waste treatment 쓰레기 처리

*
☑ **disposable**
[dispóuzəbl]

휑 사용 후 버릴 수 있는

┃ disposable diapers 1회용 종이 기저귀

**
☑ **decomposition**
[diːkàmpəzíʃən]

몡 분해, 해체, 부패

*
☑ **compactor**
[kəmpǽktər]

몡 쓰레기 분쇄 압축기

*
☑ **reclamation**
[rèkləméiʃən]

몡 개간, 간척, 매립

┃ waste reclamation 쓰레기 매립

★
☑ **landfill** 　　　　명 매립지
[lǽndfil]

★
☑ **incineration** 　　　　명 소각, 화장
[insìnəréiʃən]
▌waste incineration 쓰레기 소각

3. 기후와 기상

★★★
☑ **climate** 　　　　명 기후
[kláimit]
▌continental climate 대륙성 기후

★★★
☑ **temperature** 　　　　명 온도, 체온, 열
[témpərətʃər]

★★★
☑ **temperate** 　　　　형 온화한, 절제하는
[témpərət]
▌temperate zone 온대

★★
☑ **tropic** 　　　　명 열대
[trápik]

☑ **tropical** ★★
[trápikəl]
® 열대의, 심한 더위의

▎tropical zone 열대   ▎subtropical zone 아열대

☑ **polar** ★★★
[póulər]
® 남[북]극의, 극지의

▎polar zone 한대   ▎subpolar zone 냉대

☑ **weather** ★★★
[wéðər]
® 날씨, 일기, 기상

☑ **meteorological** ★
[mì:tiərəládʒikəl]
® 기상의, 기상학상의

▎a meteorological observatory 기상대

☑ **forecast** ★★★
[fɔ́:rkæst]
® 예보 ® 예보하다

▎weather forecast 날씨 예보

☑ **predict** ★★★
[pridíkt]
® 예언하다, 예보하다

☑ **observation** ★★★
[àbzərvéiʃən]
® 관측, 관찰

▎a weather observation station 기상 관측소

★★★
☑ **mild**
[máild]
웹 온화한, 따뜻한

▌ a mild winter 따뜻한 겨울

★★★
☑ **fair**
[fέər]
웹 맑은, 갠

★★
☑ **balmy**
[bá:mi]
웹 (날씨 등이) 상쾌하고 온화한

★★★
☑ **chilly**
[tʃíli]
웹 차가운, 쌀쌀한

★★★
☑ **windy**
[wíndi]
웹 바람 부는, 바람이 센

★★★
☑ **cloudy**
[kláudi]
웹 흐린, 구름이 많은

★★
☑ **overcast**
[óuvərkæst]
웹 흐린 동 구름으로 덮다

★★
☑ **humid**
[hjú:mid]
웹 습기 있는, 눅눅한

▌ be hot and humid 덥고 다습하다

★★★
☑ **damp**
[dæmp]

형 습한　명 습기

▌ damp air 습한 공기

★★
☑ **humidity**
[hjuːmídəti]

명 습기, 습도

▌ temperature-humidity index 불쾌지수

★
☑ **muggy**
[mʌ́gi]

형 무더운, 찌는 듯한

★
☑ **scorching**
[skɔ́ːrtʃiŋ]

형 몹시 뜨거운

★★
☑ **fickle**
[fíkl]

형 변하기 쉬운, 변덕스러운

▌ fickle weather 변덕스러운 날씨

★★★
☑ **gloomy**
[glúːmi]

형 어두운, 음침한, 우울한

▌ gloomy skies 잔뜩 흐린 하늘

★★★
☑ **mist**
[míst]

명 안개, 가랑비

▌ heavy mist 짙은 안개

***
fog
[fɔ́ːg]
명 안개, 농무

**
hazy
[héizi]
형 흐린, 안개 낀

**
gust
[gʌ́st]
명 한바탕 부는 바람, 돌풍

┃ a violent gust of wind 일진 광풍

***
gale
[geil]
명 강풍, 강한 바람

***
shower
[ʃáuər]
명 소나기

┃ scattered rain shower 때때로 소나기 (일기예보에서)

*
downpour
[dáunpɔ̀ːr]
명 억수 같은 비

**
drizzle
[drízl]
명 이슬비 동 이슬비가 내리다

*
thunderstorm
[θʌ́ndərstɔ̀ːrm]
명 뇌우

★★
☑ **heavy rain** 　　　　　몡 폭우
[hévi réin]

┃ be damaged by a heavy rain 폭우로 피해를 입다

★★★
☑ **storm** 　　　　　몡 폭풍(우), 큰 비
[stɔ́ːrm]

┃ the eye of a storm 폭풍의 중심

★★
☑ **snowfall** 　　　　　몡 강설, 강설량
[snóufɔ̀ːl]

┃ heavy snowfall 폭설

★
☑ **blizzard** 　　　　　몡 심한 눈보라, 폭풍설(雪)
[blízərd]

★★
☑ **freezing** 　　　　　혱 몹시 추운, 어는
[fríːziŋ]

★★★
☑ **warning** 　　　　　몡 경고, 경보
[wɔ́ːrniŋ]

┃ a strong-wind warning 강풍 주의보

★★★
☑ **alert** 　　　　　몡 경보, 경계 혱 경계하는
[ələ́ːrt]

┃ a storm alert 폭풍 주의보

4. 자연 재해

***
☑ **disaster**
[dizǽstər]
몡 재해, 대참사

┃ natural disaster 자연 재해

***
☑ **calamity**
[kəlǽməti]
몡 큰 재난, 참사

┃ meet with a calamity 재앙을 당하다

**
☑ **catastrophe**
[kətǽstrəfi]
몡 큰 재해, 대참사

***
☑ **flood**
[flʌ́d]
몡 홍수

┃ flood victims 홍수 이재민

*
☑ **inundation**
[ìnəndéiʃən]
몡 범람, 침수

**
☑ **drought**
[dráut]
몡 가뭄, 한발

☑ landslide ★★
[lǽndslàid]
명 산사태

☑ avalanche ★★
[ǽvəlæntʃ]
명 눈사태, 쇄도
▌ wind avalanche 바람이 일으키는 눈사태

☑ typhoon ★★★
[taifúːn]
명 태풍
▌ typhoon path 태풍의 진로

☑ tornado ★
[tɔːrnéidou]
명 토네이도, 회오리바람

☑ tidal wave ★
[táidl wèiv]
명 해일
▌ be washed away by a tidal wave 해일에 휩쓸리다

☑ earthquake ★★★
[ɔ́ːrθkwèik]
명 지진
▌ an earthquake fire 지진 화재
▌ a deep-sea earthquake 심해 지진

☑ collapse ★★★
[kəlǽps]
동 무너지다, 실패하다

★
☑ **epicenter**   명 진원지
　[épəsèntər]

★
☑ **the Richter scale**   명 리히터 스케일
　[ðə ríktər skeil]

★★★
☑ **volcano**   명 화산, 분화구
　[vɑlkéinou]

　❚ active[extinct] volcano 활[사]화산

★
☑ **erupt**   동 분출하다, 폭발하다
　[irʌ́pt]

　❚ the eruption of a volcano 화산 폭발

5. 에너지

★★★
☑ **resource**   명 자원, 재원
　[ríːsɔːrs]

★★★
☑ **fuel**   명 연료
　[fjúːəl]

　❚ heating fuel 난방 연료

★★
☑ **fossil**
[fásəl]
　명 화석　형 화석의

┃ fossil fuel 화석 연료

★★★
☑ **oil**
[ɔil]
　명 석유, 기름

┃ crude oil 원유
┃ heavy oil 중유

★★
☑ **petroleum**
[pətróuliəm]
　명 석유

┃ liquefied petroleum gas 액화 석유 가스(LPG)

★★
☑ **kerosene**
[kérəsìːn]
　명 등유

★★
☑ **oil field**
[ɔil fìːld]
　명 유전

★★★
☑ **reserve**
[rizə́ːrv]
　명 비축, 매장량　동 남겨두다

┃ oil reserve 원유 매장량

★★
☑ **excavation**
[èkskəvéiʃən]
　명 굴착, 파기

★★
☑ **refinery**　　　　　명 정제소
[rifáinəri]
┃ oil refinery 정유소

★★★
☑ **coal**　　　　　명 석탄
[kóul]
┃ brown coal 갈탄
┃ hard coal 무연탄

★
☑ **briquet(te)**　　　　　명 연탄, 조개탄
[brikét]
┃ a briquet stove 연탄 난로

★★★
☑ **electricity**　　　　　명 전기, 전력
[ilektrísəti]

★★★
☑ **electric**　　　　　형 전기의
[iléktrik]
┃ electric current 전류
┃ electric power 전력
┃ electric company 전기 회사

★★
☑ **generate**　　　　　동 발생시키다, 일으키다
[dʒénərèit]
┃ generate electricity 전기를 일으키다

☑ thermal ★★ 　　　　　　　　　**형 열의, 온도의**
[θɔ́ːrməl]

　▍ thermal power plant 화력 발전소

☑ waterpower ★★ 　　　　　　　**명 수력**
[wɔ́ːtərpàuər]

　▍ waterpower electricity 수력 전기

☑ liquefy ★ 　　　　　　　　　　**동 녹이다, 액화하다**
[líkwəfài]

　▍ Liquefied Natural Gas 천연액화가스

☑ leak ★★ 　　　　　　　　　　　**명 누출 　동 새다**
[líːk]

　▍ gas leaks 가스 누출

☑ nuclear ★★★ 　　　　　　　　**형 원자력의, 핵의 　명 핵무기**
[njúːkliər]

　▍ nuclear energy 원자력 에너지
　▍ nuclear power plant 원자력 발전소
　▍ nuclear fuel 핵연료

☑ reactor ★★ 　　　　　　　　　**명 원자로**
[riǽktər]

　▍ light water reactor 경수로

★
☑ **reprocess** 동 다시 가공하다, 재처리하다
[rì:práses]
❚ nuclear fuel reprocessing 핵연료 재처리

★★★
☑ **enrich** 동 농축하다, 부유하게 하다
[inrítʃ]
❚ enriched uranium 농축 우라늄

★
☑ **radioactivity** 명 방사능
[rèidiouæktívəti]

★★
☑ **radioactive** 형 방사성의
[rèidiouǽktiv]
❚ radioactive substance 방사성 물질

★★★
☑ **alternative** 형 양자택일의, 대신의
[ɔːltə́ːrnətiv]
❚ alternative energy 대체 에너지

★
☑ **renewable** 형 재생할 수 있는
[rinjúːəbl]

★★★
☑ **hydrogen** 명 수소
[háidrədʒən]
❚ hydrogen fuel 수소 연료

Dark Horse 의외의 강력한 경쟁 상대

테네시 주의 샘플린이라는 사람은 '더스키 피트'(Dusky Pete)라는 새카만 말을 경주에 출전시켜 쉽게 돈을 벌었다고 합니다. 그 방법은 더스키 피트 등에 샘플린이 직접 타고 짐도 실어 놓아 평범한 말처럼 보이도록 꾸미고 낯선 마을로 찾아갑니다. 어리숙한 사람처럼 행세하면서 시비를 붙여 그 마을에서 가장 잘 달리는 말과 자신의 보잘것없는(?) 말과 시합을 하게 합니다. 그 보잘것없는 검은 말이 챔피언인 줄 모르는 마을 사람들은 신이 나서 자기 마을의 말에 돈을 걸지만 당연히 모두가 패했습니다. 그리하여 이 검은 말은 다른 챔피언 말과는 또 다른 유명세를 탔습니다.

경마에서 생겨난 이 검은 말(Dark Horse)은 선거가 경마와 비슷하다고 생각한 사람들에 의해 정치판으로 갔고 이후 스포츠, 주식 등 모든 경쟁적인 대결이 일어나는 곳에서 사용되고 있습니다.

New Toeic Vocabulary

13 교통수단

1. 자동차와 버스

★★★
☑ **traffic**   명 교통, 통행
[trǽfik]
┃ city traffic 시내 교통
┃ traffic volume 교통량

★★★
☑ **transportation**   명 교통, 수송
[trænspərtéiʃən]
┃ transportation means 교통수단

★★★
☑ **transit**   명 운송, 통행, 통과
[trǽnsit]
┃ public transit 대중 교통

★★★
☑ **vehicle**   명 운송 수단, 탈것
[víːikl]
┃ a motor vehicle 자동차

★★★
☑ **parking lot**   명 주차장
[páːrkiŋ làt]
┃ a public parking lot 공영 주차장

★★★
☑ **horn**
[hɔ́ːrn]
(명) 뿔피리, 경적

┃ sound a horn 경적을 울리다

★★
☑ **mileage**
[máilidʒ]
(명) 주행 거리

★★★
☑ **cab**
[kǽb]
(명) 택시

┃ cabby 택시 운전사

★★★
☑ **hail**
[héil]
(동) 환영하다, 불러서 세우다

┃ hail a cab 택시를 부르다

★★
☑ **pedestrian**
[pədéstriən]
(명) 보행자 (형) 보행의

┃ pedestrian signals 보행자 전용 교통 신호
┃ pedestrian bridge 육교

★
☑ **crosswalk**
[krɔ́(ː)swɔ̀ːk]
(명) 횡단보도

★★★
☑ **sidewalk**
[sáidwɔ̀ːk]
(명) 보도, 인도

★
◪ **commute** [동] 통근하다, 통학하다
[kəmjúːt]
▌ commuting hours 출퇴근 시간

★
◪ **car pool** [명] 승용차 함께 타기
[cάːr pùːl]

★★★
◪ **jam** [명] 혼잡, 복잡
[dʒǽm]
▌ a traffic jam 교통 정체

★★
◪ **congestion** [명] 혼잡, 정체, 밀집
[kəndʒéstʃən]
▌ a congestion fee 혼잡 통행료

★★
◪ **standstill** [명] 정지, 멈춤
[stǽn*d*stil]

★★
◪ **thoroughfare** [명] 도로, 큰 길
[θə́ːroufὲə*r*]
▌ a busy thoroughfare 왕래가 빈번한 거리

★★★
◪ **pavement** [명] 포장도로
[péivmənt]
▌ an asphalt pavement 아스팔트 포장도로

★
◪ **overpass** [명] 고가도로, 육교
[óuvərpæ̀s]
▌underpass 지하도

★
◪ **speeding** [명] 과속, 속도 위반
[spíːdiŋ]
▌a speeding ticket 속도 위반 딱지

★★★
◪ **overtake** [동] 따라잡다, 추월하다
[òuvərtéik]

★★★
◪ **limit** [명] 한계, 제한
[límit]
▌speed limit 제한 속도

★★★
◪ **lane** [명] (도로의) 차선
[léin]
▌exclusive bus lanes 버스 전용 차선

★★
◪ **intersection** [명] 교차, 횡단
[ìntərsékʃən]
▌4-way intersection 사거리

★
◪ **cut in** [동] 끼어들다
[kʌ́t in]

★★
☑ **artery**
[ɑ́ːrtəri]
　명 간선, 동맥

　▎artery road 간선 도로

★
☑ **expressway**
[ikspréswèi]
　명 고속도로

　▎get on[off] expressway 고속도로를 타다[나가다]

★★
☑ **toll**
[tóul]
　명 요금, 통행료

　▎tollgate 요금 정산소

★
☑ **tollbooth**
[tóulbùːθ]
　명 (유료 도로의) 요금 징수소

★★
☑ **interchange**
[íntərtʃèindʒ]
　명 인터체인지　동 서로 교환하다

★★
☑ **junction**
[dʒʌ́ŋkʃən]
　명 접합, 교차점, 분기점

　▎a junction station 갈아타는 정거장

★
☑ **shoulder**
[ʃóuldər]
　명 (도로의) 갓길

　▎Soft Shoulders 갓길 주의(도로 표지)

★★★
☑ **accident**　　　　명 사고, 재난, 재해
[ǽksədənt]
▎ traffic accidents 교통 사고

★★
☑ **collision**　　　　명 충돌, 추돌
[kəlíʒən]
▎ a head-on collision 정면 충돌

★★★
☑ **overturn**　　　　동 전복시키다, 뒤집히다
[òuvərtə́:rn]

★
☑ **skid**　　　　동 미끄러지다
[skíd]

2. 철도와 지하철

★★★
☑ **railroad**　　　　명 철도, 철도 선로
[réilròud]

★★★
☑ **track**　　　　명 철도 선로, 궤도
[trǽk]
▎ single track 단선 철도　　▎ dual track 복선 철도

★★★

☑ **express**
[iksprés]

图 급행 열차   图 급행의

★★★

☑ **freight**
[fréit]

图 화물, 화물 운송

▌ a freight train 화물 열차

★★★

☑ **conductor**
[kəndʌ́ktər]

图 차장, 안내자

★★★

☑ **passenger**
[pǽsəndʒər]

图 여객, 승객, 탑승객

▌ a passenger train 여객 열차

★

☑ **dining car**
[dáiniŋ kà:r]

图 식당차

▌ a sleeping car 침대차

★★

☑ **compartment**
[kəmpá:rtmənt]

图 구획, 칸막이

▌ a first-class compartment (열차 · 배 등의) 1등실

★★★

☑ **arrival**
[əráivəl]

图 도착

▌ arrival on time 정시에 도착

***

departure
[dipáːrtʃər]

명 출발, 발차

▌ a departure platform 발차 플랫폼

***

delay
[diléi]

명 지연, 지체 동 지체시키다

**

round-trip
[ráundtríp]

형 왕복 여행의

▌ a round-trip ticket 왕복표

**

one-way
[wʌ́nwéi]

형 편도의, 일방통행의

*

commuter
[kəmjúːtər]

명 정기권 통근자

▌ a commuter pass 정기권

***

subway
[sʌ́bwèi]

명 지하철

▌ a subway station 지하철역
▌ the No. 5 subway line 지하철 5호선

**

wicket
[wíkit]

명 개찰구, 작은 문

★★★

◪ **gate** [명] 출입문, 입구

[géit]

★★★

◪ **interval** [명] 간격, 틈

[íntərvəl]

▌at regular intervals 일정한 시간의 간격을 두고

★★

◪ **exit** [명] 출구

[égzit]

★★★

◪ **transfer** [명] 환승, 갈아타는 곳

[trǽnsfər]

3. 배

★★★

◪ **ship** [명] 배 [동] 배에 싣다

[ʃíp]

▌a passenger ship 여객선

★★

◪ **shipment** [명] 선적, 수송

[ʃípmənt]

▌a port of shipment 선적항

☑ **cargo** (명) 뱃짐, 화물
[káːrgou]
┃ a cargo ship 화물선

☑ **aboard** (부) 배로, 타고, 승선하여
[əbɔ́ːrd]
┃ go aboard 승선하다

☑ **barge** (명) 짐배, 유람 객선
[báːrdʒ]

☑ **liner** (명) 정기선
[láinər]
┃ a transatlantic liner 대서양 항로 정기선

☑ **hull** (명) 선체
[hʌ́l]
┃ a hull with fast lines 고속에 적합한 선체

☑ **deck** (명) 갑판
[dék]
┃ deck cargo 갑판에 싣는 짐

☑ **shipper** (명) 하주, 선적인[회사]
[ʃípər]

☑ **harbor** ★★★
[háːrbər]
명 항구, 항만, 피난처

┃ harbor dues 항만 사용료

☑ **port** ★★★
[póːrt]
명 항구, 무역항

┃ a commercial port 상업항

☑ **dock** ★★★
[dák]
명 선창, 부두, 선거(船渠)

┃ in dock (배가) 수리 공장에 들어가

☑ **pier** ★★★
[píər]
명 부두, 선창

☑ **anchorage** ★★
[ǽŋkəridʒ]
명 닻을 내림, 정박

☑ **maritime** ★★
[mǽrətàim]
형 바다의, 해운상의

┃ maritime insurance 해상 보험

☑ **seaborne** ★
[síːbɔ̀ːrn]
형 배로 운반된, 해상 운수의

┃ seaborne trade 해상 무역

4. 비행기

☑ **aviation** ★★
[èiviéiʃən]
명 비행, 항공

▮ civil aviation 민간 항공

☑ **airline** ★★
[ɛ́ərlàin]
명 정기 항공(로), 항공 회사

☑ **air carrier** ★
[ɛ́ər kǽriər]
명 항공 회사, 수송기

☑ **flight** ★★★
[fláit]
명 항공편, 비행기 여행

▮ a direct flight 직항편 ▮ a connecting flight 연결편

☑ **domestic** ★★★
[dəméstik]
형 국내의, 가정의

▮ domestic airlines 국내선 항공사

☑ **air route** ★
[ɛ́ər rùːt]
명 항공 노선

★★★
☑ **airport**　　　　　　　　명 공항
[ɛ́ərpɔ̀ːrt]

❙ airport facilities 공항 시설

★
☑ **hangar**　　　　　　　　명 격납고
[hǽŋər]

★★★
☑ **baggage**　　　　　　　　명 수하물
[bǽgidʒ]

❙ baggage claim (공항의) 수하물 찾는 곳

★
☑ **carry-on**　　　　　　　형 기내에 가지고 들어갈 수 있는
[kǽriàn]

❙ carry-on baggage 기내 반입 수하물

★★★
☑ **check-in**　　　　　　　명 탑승 수속, 체크인
[tʃékìn]

❙ check-in counter 탑승 수속대

★★
☑ **boarding**　　　　　　　명 탑승, 승선
[bɔ́ːrdiŋ]

❙ a boarding pass 탑승권　❙ a boarding gate 탑승구

★
☑ **seat class**　　　　　　명 좌석 등급
[síːt klǽs]

★★★
☑ **window seat**
[wíndou sì:t]
  명 창가쪽 좌석

★★★
☑ **aisle seat**
[áil sì:t]
  명 통로쪽 좌석

★★★
☑ **captain**
[kǽptən]
  명 기장, 선장

★★★
☑ **attendant**
[əténdənt]
  명 시중 드는 사람, 안내원
  ▮ a flight attendant 비행기 승무원

★★★
☑ **crew**
[krú:]
  명 승무원
  ▮ aircrew 항공기 승무원

★
☑ **in-flight**
[ínflàit]
  형 비행 중의, 기내의
  ▮ in-flight service 기내 서비스
  ▮ in-flight meals 기내식

★
☑ **takeoff**
[téikɔ̀:f]
  명 이륙
  ▮ be ready for takeoff 이륙 준비가 되다

★★★
◪ **current** [명] 기류, 해류, 흐름
[kə́ːrənt]
▌the upper air current 상층 기류

★
◪ **turbulence** [명] 난기류, 휘몰아침
[tə́ːrbjuləns]

★★★
◪ **land** [동] 착륙시키다, 상륙시키다
[lǽnd]
▌soft landing 연착륙

★★
◪ **runway** [명] 활주로
[rʌ́nwèi]

★★★
◪ **control tower** [명] 관제탑
[kəntóul tàuər]

★★★
◪ **crash** [명] 추락, 충돌
[krǽʃ]
▌the crash site 추락 지점

★★
◪ **hijack** [동] 공중 납치하다, 강탈하다
[háidʒæ̀k]
▌hijacker 공중 납치범

New Toeic Vocabulary

14 여가와 스포츠

1. 취미와 여가

★★★
☑ **hobby**
[hábi]
> 명 취미, 장기

★★
☑ **pastime**
[pǽstàim]
> 명 기분 전환, 오락

★★★
☑ **leisure**
[líːʒər]
> 명 자유 시간, 여가

┃ leisure facilities 레저 시설

★★★
☑ **activity**
[æktívəti]
> 명 활동, 활동력

┃ leisure activities 레저 활동

★★★
☑ **recreation**
[rèkriéiʃən]
> 명 휴양, 오락

★★★
☑ **amusement**
[əmjúːzmənt]
> 명 즐거움, 재미, 오락

┃ an amusement park 놀이 공원

★★★
fishing
[fíʃiŋ]

명 낚시질, 어업

▌ocean fishing 바다 낚시

★★
climbing
[kláimiŋ]

명 등산, 등반

▌rock climbing 암벽 등반

★★
horse racing
[hɔ́ːrs rèisiŋ]

명 경마

★★★
extreme
[ikstríːm]

형 과격한, 극심한

▌extreme sports (스카이다이빙과 같은) 극한 스포츠

★★★
meditation
[mèdətéiʃən]

명 명상, 묵상

★★
appreciation
[əprìːʃiéiʃən]

명 감상

▌appreciation of music 음악 감상

★★★
collection
[kəlékʃən]

명 수집, 채집

▌make a collection of books 책을 수집하다

★★★
☑ **picture** 명 사진, 그림, 영화
[píktʃər]

❚ wedding pictures 결혼 사진

★★★
☑ **photograph** 명 사진
[fóutəgræf]

❚ photography 사진술, 사진 촬영

★★★
☑ **gardening** 명 원예, 조원술
[gáːrdniŋ]

❚ gardening tools 원예 용구

★★★
☑ **hiking** 명 도보 여행, 하이킹
[háikiŋ]

❚ a hiking trail 하이킹 코스

★
☑ **knitting** 명 뜨게질
[nítiŋ]

★★★
☑ **arrangement** 명 정돈, 정리, 배열
[əréindʒmənt]

❚ flower arrangement 꽃꽂이

★
☑ **calligraphy** 명 서예
[kəlígrəfi]

2. 쇼핑

★★
☑ **mall**
[mɔ́ːl]
(명) 쇼핑 몰, 쇼핑 센터

┃ a shopping mall 쇼핑 몰

★★★
☑ **department store**
[dipá:rtmənt stɔ̀ːr]
(명) 백화점

★★★
☑ **convenience**
[kənvíːnjəns]
(명) 편의, 편리

┃ a convenience store 편의점

★★★
☑ **cart**
[káːrt]
(명) 손수레

┃ a shopping cart 쇼핑 카트

★
☑ **salesclerk**
[séilzkləːrk]
(명) 점원, 판매원

★★
☑ **customer**
[kʌ́stəmər]
(명) 고객, 단골

☑ **browse** ★★
[bráuz]

동 (상점에서) 상품을 쓱 훑어보다

☑ **sale** ★★★
[séil]

명 판매, 특매

▌ clearance sale 재고 정리 판매

☑ **bargain** ★★★
[báːrgən]

명 특가품 형 헐값의

▌ a bargain counter 특가품 매장

☑ **tag** ★★★
[tǽg]

명 정가표, 꼬리표

▌ a price tag 가격표

☑ **discount** ★★★
[dískaunt]

명 할인 동 할인하다

▌ a discount rate 할인율

☑ **cheap** ★★★
[tʃíːp]

형 값이 싼, 싸구려의

☑ **expensive** ★★★
[ikspénsiv]

형 값비싼, 고가의

▌ an expensive automobile 고급차

★
brand-new
[brǽndnjúː]

혱 아주 새로운, 신품의

★★★
reasonable
[ríːzənəbl]

혱 비싸지 않은, 합당한

▌ at a reasonable price 비싸지 않은 가격으로

★
warranty
[wɔ́ːrənti]

몡 품질 보증서

★★
guarantee
[gæ̀rəntíː]

몡 보증 동 보증하다

▌ a money-back guarantee 환불 보증
▌ the term of guarantee 보증 기간

★★★
receipt
[risíːt]

몡 영수증

★★★
wrap
[rǽp]

동 감싸다, 포장하다

▌ gift-wrap 선물용으로 포장하다

★★
refund
[ríːfʌnd]

몡 환불 동 환불하다

▌ a full refund 전액 환불

3. 야구

★
☑ **ballpark**
[bɔ́:lpɑ̀ːrk]

명 야구장

★★
☑ **infield**
[ínfìːld]
❚ infielder 내야수

명 내야

★★
☑ **outfield**
[áutfìːld]
❚ outfielder 외야수

명 외야

★
☑ **bull pen**
[búl pèn]

명 불펜, 구원 투수 연습장

★★★
☑ **umpire**
[ʌ́mpaiər]
❚ a ball umpire 구심

명 심판

❚ a base umpire 부심

★★★
☑ **top**
[táp]

명 한 회의 초

★★★
☑ **bottom**
[bátəm]

명 한 회의 말, 바닥

▌ bottom of the 9th inning 9회말

★
☑ **team at bat**
[tí:m ət bǽt]

명 공격팀

★
☑ **team in the field**
[tí:m in ðə fí:ld]

명 수비팀

★★★
☑ **pitch**
[pítʃ]

동 던지다

▌ pitch a straight ball 직구를 던지다
▌ starting pitcher 선발 투수

★
☑ **earned run**
[ə́:rnd rʌ́n]

명 (투수의) 자책점

▌ earned run average 평균 자책점(ERA)

★
☑ **shutout**
[ʃʌ́tàut]

명 완봉, 영봉

★★★
☑ **batter**
[bǽtər]

명 타자

▌ batter's box 타석

☆☆
☑ **batting** 　　　　　　　　　명 타격
[bǽtiŋ]

❚ the batting order 타순
❚ batting average 타율

☆
☑ **designated** 　　　　　　　형 지정된, 관선의
[dézignèitid]

❚ a designated hitter 지명 타자(DH)

☆
☑ **run batted in** 　　　　　　명 타점(RBI)
[rʌ́n bǽtid ín]

☆
☑ **lineup** 　　　　　　　　　　명 인원 구성, 라인업
[láinʌ̀p]

☆☆☆
☑ **hit** 　　　　　　　　　　　명 안타
[hít]

❚ a hit to right 우익 안타

☆
☑ **grounder** 　　　　　　　　명 땅볼
[gráundər]

☆
☑ **grand slam** 　　　　　　　명 만루 홈런
[grǽnd slǽm]

❚ hit a grand slam 만루 홈런을 치다

4. 축구

★★
☑ **soccer**　　　　　　　명 축구
[sάkər]
▌ a soccer match 축구 경기

★★★
☑ **football**　　　　　　명 미식 축구, 축구
[fútbɔ̀ːl]

★★★
☑ **preliminary**　　　　형 예비적인, 준비의
[prilímənèri]
▌ a preliminary match 예선
▌ a preliminary draw 예선 조추첨

★★★
☑ **final**　　　　　명 결승전　형 마지막의
[fáinl]
▌ quarter finals 8강전
▌ semi finals 4강전

★★★
☑ **half**　　　　　명 (시합의) 전반, 후반
[hǽf]
▌ the first half of a game 전반전
▌ the second half of a game 후반전

★★

☑ **overtime**

[óuvərtàim]

몧 연장전

▎ lose in overtime 연장전 끝에 지다

★★★

☑ **coach**

[kóutʃ]

몧 감독, 코치

★★

☑ **referee**

[rèfərí:]

몧 심판

▎ appeal to the referee 심판에게 항의하다

★★★

☑ **charge**

[tʃɑ́ːrdʒ]

동 반칙으로 저지하다

★★★

☑ **trap**

[trǽp]

몧 덫, 함정

▎ offside trap 오프사이드 트랩

★

☑ **set piece**

[sét pìːs]

몧 세트 피스 (코너킥, 프리킥 등)

★★

☑ **winning**

[wíniŋ]

혱 승리를 얻게 하는, 결승의

▎ a winning goal 결승골

★
equalizer
[íːkwəlàizər]

명 동점이 되는 득점

▌an equalizer goal 동점골

★
shoot-out
[ʃúːtàut]

명 승부차기

5. 골프

★
tee
[tíː]

명 티 (공을 올려놓는 자리)

▌tee up (공을) 티 위에 올려놓다

★★★
green
[gríːn]

명 잔디밭, 그린

▌putting green 홀 주위의 고운 잔디밭

★
fairway
[fέərwèi]

명 티와 퍼팅 그린 사이의 잔디밭

★★
rough
[rʌf]

명 러프 (긴 풀 등이 있는 곳)

hazard
[hǽzərd]
★★
명 장애 구역, 위험, 장해물

bunker
[bʌ́ŋkər]
★
명 모래로 된 장애 구역

approach
[əpróutʃ]
★★★
명 접근, 어프로치
┃ an approach shot 어프로치샷

par
[pάːr]
★★
명 파, 기준 타수, 동등
┃ over par 오버파
┃ under par 언더파

birdie
[bə́ːrdi]
★★
명 버디 (파보다 1타 적은 것)
┃ have a birdie 버디를 잡다

eagle
[íːgl]
★★
명 이글 (파보다 2타 적은 것)

bogey
[bóugi]
★
명 보기 (파보다 1타 많은 것)
┃ double bogey 더블 보기 (파보다 2타 많은 것)

★★★
☑ **even** 형 같은, 동일한, 평평한
[íːvən]

┃ finish on even par 이븐 파로 마치다

★
☑ **hole in one** 명 홀인원
[hóul in wʌ́n]

┃ make a hole in one 홀인원을 하다

★
☑ **caddie** 명 진행 보조원
[kǽdi]

6. 스포츠 기타

★★
☑ **tournament** 명 승자 진출전, 선수권 쟁탈전
[túərnəmənt]

┃ take first place in a tournament 토너먼트에서 1위가 되다

★★★
☑ **entry** 명 출전, 입장
[éntri]

★★★
☑ **participate** 동 참가하다, 참여하다
[pɑːrtísəpèit]

***

☑ **individual** 　　　㈈ 개인 ㈝ 개인의, 개개의
[ìndəvídʒuəl]

▌ individual sports 개인 경기

***

☑ **event** 　　　㈈ 경기 종목, 한 게임
[ivént]

▌ a main event 주요한 경기

★

☑ **come-from-behind** 　　　㈝ 역전의
[kʌ́mfrəmbiháind]

***

☑ **tie** 　　　㈈ 무승부, 동점
[tái]

▌ end in a tie 무승부로 끝나다

***

☑ **championship** 　　　㈈ 선수권, 선수권 대회
[tʃǽmpiənʃìp]

▌ the championship series 선수권 쟁탈전

★

☑ **playoff** 　　　㈈ 우승 결정전 시리즈
[pléiɔ̀ːf]

★★

☑ **consecutive** 　　　㈝ 연속되는, 계속되는
[kənsékjutiv]

▌ win 3 consecutive games 3연승을 하다

***
☑ **score** 명 점수, 득점 통 득점하다
[skɔ́:r]

┃ by a score of 3 to 2 3대 2의 점수로

*
☑ **one-sided** 형 일방적인, 한쪽으로 치우친
[wʌ́nsàidid]

┃ a one-sided game 일방적인 경기

**
☑ **athlete** 명 운동 선수
[ǽθliːt]

┃ a professional athlete 프로 선수

***
☑ **compete** 통 경쟁하다, 겨루다
[kəmpíːt]

***
☑ **stadium** 명 경기장
[stéidiəm]

***
☑ **spectator** 명 관중, 구경꾼
[spékteitər]

┃ the seats for the spectators 관중석

*
☑ **doping** 명 금지 약물 복용
[dóupiŋ]

┃ doping test 약물 검사

Hot Dog 핫도그

핫도그는 처음에 개고기로 만들었을까요? 왜 Hot Dog라는 이름이 지어진 걸까요? 이 음식은 처음에 '프랑크 푸르터'(원래는 독일 음식)라는 독일어였습니다. 긴 빵 사이에 길다란 소시지를 넣고 특별히 다른 재료는 필요하지 않은 이 음식은 처음 도시의 길거리에서 팔리기 시작할 때부터 큰 인기를 끌었습니다.

그러나 '프랑크 푸르터'라는 이름은 미국인 입장에서 외국어이니 그게 무슨 뜻인 줄도 모르거니와 음식의 특징을 정확히 나타내지를 못했습니다. 장사꾼들은 빵 사이에 들어가는 길다란 소시지가 인기 있는 애완견 닥스훈트(몸통은 길고 다리가 짧은)와 닮았다고 생각하여 핫도그라는 엽기적인 상표명을 생각해 냅니다.

결국 이 음식은 맛과 간편성 이외에 한 번 들으면 잊을 수 없는 이름까지 얻어 현재 미국을 대표하는 음식이 되었습니다.

New Toeic Vocabulary

15 건강과 질병

1. 건강

★★★
◪ **health** [명] 건강
[hélθ]
- mental health 정신 건강
- physical health 육체 건강

★★★
◪ **exercise** [명] 운동, 체조
[éksərsàiz]
- take moderate exercise 적당히 운동을 하다

★★
◪ **fitness** [명] 체력, 건강함
[fítnis]
- a fitness test 체력 테스트

★★★
◪ **muscle** [명] 근육, 근력
[mʌ́sl]
- solid muscles 단단한 근육

★★
◪ **muscular** [형] 근력의, 강건한
[mʌ́skjulər]
- muscular strength 완력

★★★
☑ **diet**
[dáiət]
圀 음식물, 식이요법, 규정식

▮ a meat[vegetable] diet 육[채]식

★
☑ **dietary**
[dáiətèri]
혱 식사의, 음식물의

▮ a dietary cure 식이 요법

★
☑ **vegetarian**
[vèdʒətɛ́əriən]
圀 채식주의자

★★★
☑ **meal**
[míːl]
圀 식사, 한 끼니

▮ regular meals 규칙적인 식사

★★★
☑ **digest**
[didʒést]
됭 소화하다

▮ digestion 소화

★★
☑ **nutrient**
[njúːtriənt]
圀 영양분 혱 영양이 되는

★★
☑ **protein**
[próutiːn]
圀 단백질

▮ protein nutrients 단백질을 포함한 영양소

☑ **metabolism**
[mətǽbəlìzm]
명 신진대사

▍ speed up metabolism 신진대사를 활성화하다

☑ **vitamin**
[váitəmi(ː)n]
명 비타민

▍ vitamin content 비타민 함유량

☑ **sanitary**
[sǽnətèri]
형 위생의, 위생적인

▍ sanitary inspection 위생 검사

☑ **vaccination**
[vǽksənéiʃən]
명 예방 주사, 종두

☑ **wholesome**
[hóulsəm]
형 건강한, 건강에 좋은

▍ wholesome exercise 건강에 좋은 운동

☑ **checkup**
[tʃékʌ̀p]
명 건강 진단

▍ a periodic medical checkup 정기 건강 검진

☑ **longevity**
[lɑndʒévəti]
명 수명, 장수

2. 병의 증세

★★★
☑ **symptom**   명 증상, 징후
[símptəm]

▌ allergic symptom 알레르기 증상

★★★
☑ **pain**   명 아픔, 고통, 통증
[péin]

▌ a pain clinic 통증 치료소

★★★
☑ **fatigue**   명 피로, 피곤
[fətíːg]

▌ physical[mental] fatigue 육체적[정신적] 피로

★★
☑ **chronic**   형 만성적인, 고질의
[kránik]

▌ chronic fatigue 만성적 피로

★★★
☑ **acute**   형 심한, 급성의
[əkjúːt]

▌ acute pain 심한 통증
▌ acute rheumatism 급성 류머티즘

☑ ***
fever
[fíːvər]
ⓜ 열, 발열, 열병
▌ a slight fever 미열

☑ ***
sweat
[swét]
ⓜ 땀, 심한 땀
▌ night sweats 식은땀

☑ **
perspiration
[pə̀ːrspəréiʃən]
ⓜ 발한, 땀

☑ **
dizzy
[dízi]
ⓗ 현기증 나는, 어지러운
▌ dizziness 현기증

☑ **
nausea
[nɔ́ːziə]
ⓜ 구역질, 메스꺼움
▌ feel nausea 구역질이 나다

☑ **
vomit
[vámit]
ⓥ 토하다

☑ ***
headache
[hédèik]
ⓜ 두통
▌ a splitting headache 빠개지는 듯한 두통

★
☑ **migraine**
[máigrein]
(명) 편두통

★★★
☑ **stiff**
[stíf]
(형) 뻣뻣한, 딱딱한

❚ feel stiff in the shoulder 어깨가 뻐근하다

★★★
☑ **toothache**
[túːθèik]
(명) 치통

❚ a twinge of toothache 쿡쿡 쑤시는 치통

★★
☑ **stomachache**
[stʌ́məkèik]
(명) 위통, 복통

❚ suffer from stomachache 위통으로 고생하다

★★★
☑ **cough**
[kɔ́ːf]
(동) 기침하다

★★★
☑ **sore**
[sɔ́ːr]
(형) 아픈, 쓰린

❚ a sore throat 목 아픔

★
☑ **itchy**
[ítʃi]
(형) 가려운, 근질근질한

❚ scratch an itchy place 가려운 데를 긁다

★★★
◪ **chill** ㊔ 오한, 냉기
[tʃíl]
▌feel a chill 오한이 나다

★
◪ **diarrhea** ㊔ 설사
[dàiəríːə]

★★★
◪ **bleed** ㊐ 피가 나다, 출혈하다
[blíːd]

3. 질병

★★★
◪ **disease** ㊔ 병, 질환
[dizíːz]
▌a family disease 유전병

★★★
◪ **illness** ㊔ 병, 불쾌함
[ílnis]
▌a severe illness 중병

★
◪ **ailment** ㊔ 질환, 병
[éilmənt]

contagious 　　　 휑 전염(성)의
[kəntéidʒəs]
┃ a contagious disease 전염병

epidemic 　　　 몡 전염병 휑 전염성의
[èpədémik]

infection 　　　 몡 감염, 전염
[infékʃən]
┃ an infection way 감염 경로

plague 　　　 몡 전염병, 역병
[pléig]
┃ a plague spot 전염병 유행지

serious 　　　 휑 중대한, 심각한
[síəriəs]

cold 　　　 몡 감기
[kóuld]
┃ cold symptoms 감기 증세

flu 　　　 몡 유행성 감기, 독감
[flu:]
┃ a flu epidemic 유행성 독감

☑ **measles** ★★
[míːzlz]
몡 홍역
┃ catch the measles 홍역에 걸리다

☑ **mumps** ★
[mʌ́mps]
몡 유행성 이하선염, 볼거리

☑ **smallpox** ★★
[smɔ́ːlpàks]
몡 천연두, 마마
┃ periodic outbreaks of smallpox 천연두의 간헐적인 발병

☑ **body ache** ★★
[bádi èik]
몡 몸살

☑ **indigestion** ★★
[ìndidʒéstʃən]
몡 소화불량
┃ chronic indigestion 만성 소화불량

☑ **malnutrition** ★
[mæ̀lnjuːtríʃən]
몡 영양 실조, 영양 부족

☑ **ulcer** ★
[ʌ́lsər]
몡 궤양
┃ a stomach ulcer 위궤양
┃ a malignant ulcer 악성 궤양

★
☑ **gastroenteritis** 몡 위염
[gæ̀strouèntəráitis]

★★★
☑ **cancer** 몡 암, 악성 종양
[kǽnsər]
  ▮ stomach cancer 위암
  ▮ early[terminal] cancer 초기의[말기의] 암

★★★
☑ **blood pressure** 몡 혈압
[blʌ́d préʃər]
  ▮ high[low] blood pressure 고[저]혈압

★
☑ **hypertension** 몡 고혈압
[hàipərténʃən]
  ▮ a hypertensive 고혈압 환자

★★★
☑ **heart attack** 몡 심장 발작, 심장 마비
[há:rt ətǽk]

★
☑ **anemia** 몡 빈혈
[əní:miə]
  ▮ chronic anemia 만성 빈혈

★
☑ **leukemia** 몡 백혈병
[lju:kí:miə]

☑ **hepatitis** 　명 간염
[hèpətáitis]

┃ hepatitis B B형 간염

☑ **pneumonia** 　명 폐렴
[njumóunjə]

┃ acute pneumonia 급성 폐렴

☑ **tuberculosis** 　명 결핵
[tjubə̀ːrkjulóusis]

☑ **asthma** 　명 천식
[ǽzmə]

┃ bronchial asthma 기관지 천식

☑ **fatty liver** 　명 지방간
[fǽti lìvər]

┃ liver cirrhosis 간경화증

☑ **intestine** 　명 장, 창자
[intéstin]

┃ small[large] intestine 소장[대장]

☑ **enteritis** 　명 장염
[èntəráitis]

★
☑ **appendicitis**   명 충수염, 맹장염
[əpèndəsáitis]
▮ acute appendicitis 급성 맹장염

★★
☑ **kidney**   명 신장
[kídni]
▮ kidney disease 신장 질환

★
☑ **constipation**   명 변비
[kànstəpéiʃən]
▮ relieve constipation 변비를 고치다

★
☑ **hemorrhoid**   명 치질
[hémərɔ̀id]

★
☑ **diabetes**   명 당뇨병
[dàiəbíːtiːs]
▮ diabetic 당뇨병 환자

★
☑ **cataract**   명 백내장
[kǽtəræ̀kt]
▮ a senile cataract 노인성 백내장

★
☑ **frostbite**   명 동상
[frɔ́ːstbàit]

★
◪ **athlete's foot** [명] 무좀
[ǽθli:ts fút]

★★
◪ **fracture** [명] 골절, 부러짐
[frǽktʃər]
▮ a simple fracture 단순 골절

★★
◪ **paralysis** [명] 마비, 중풍
[pərǽləsis]
▮ cerebral paralysis 뇌성마비

★★
◪ **stroke** [명] 뇌졸중
[stróuk]
▮ have a stroke 뇌졸중을 일으키다

★★
◪ **allergy** [명] 알레르기, 과민증
[ǽlərdʒi]
▮ a milk allergy 우유 알레르기
▮ an allergic disease 알레르기 질환

★
◪ **arthritis** [명] 관절염
[ɑːrθráitis]

★
◪ **amnesia** [명] 기억 상실증, 건망증
[æmní:ʒə]

4. 병원과 치료

★★★
☑ **hospital**
[háspitl]
명 병원

▌a general hospital 종합병원

★★
☑ **clinic**
[klínik]
명 진료소, 개인 전문 병원

▌the health clinic 건강 클리닉

★★
☑ **clinical**
[klínikəl]
형 임상의, 치료의

▌a clinical diary 병상 일지

★★★
☑ **physician**
[fizíʃən]
명 의사, 내과 의사

★★
☑ **surgeon**
[sə́:rdʒən]
명 외과 의사

★
☑ **pediatrician**
[pìːdiətríʃən]
명 소아과 의사

★
☑ **psychiatrist** 　　　명 정신과 의사
[sikáiətrist]

★★★
☑ **patient** 　　　명 환자, 병자
[péiʃənt]

▌ inpatient 입원 환자
▌ outpatient 외래 환자

★★★
☑ **ward** 　　　명 병동, 병실
[wɔ́ːrd]

▌ a general ward 일반 병동
▌ an isolation ward 격리 병동

★★★
☑ **ambulance** 　　　명 구급차
[ǽmbjuləns]

★★
☑ **first aid** 　　　명 응급 처치
[fə́ːrstéid]

★★
☑ **emergency room** 　　　명 응급실
[imə́ːrdʒənsi rùːm]

★★
☑ **consultation** 　　　명 진찰, 상담
[kànsəltéiʃən]

▌ a consultation room 진찰실

★★★
thermometer [명] 온도계, 체온계
[θərmámətər]

★
cardiogram [명] 심박동 곡선
[ká:rdiəgræ̀m]

★★
diagnosis [명] 진단
[dàiəgnóusis]
- give a diagnosis of pneumonia 폐렴 진단을 내리다

★★★
treatment [명] 치료, 치료법
[trí:tmənt]
- receive radiation treatment 방사선 치료를 받다

★★★
remedy [명] 치료, 요법, 치료약
[rémədi]
- a good remedy for neuralgia 신경통에 좋은 요법

★★★
bandage [명] 붕대, 안대
[bǽndidʒ]
- apply a bandage 붕대를 감다

★★
gauze [명] 가제, 거즈
[gɔ́:z]
- apply gauze on the wound 상처에 가제를 대다

☑ **injection** ★★
[indʒékʃən]
명 주사, 주입

☑ **syringe** ★
[səríndʒ]
명 주사기, 세척기
▎disposable syringes 일회용 주사기

☑ **operation** ★★★
[ὰpəréiʃən]
명 수술
▎undergo a surgical operation 수술을 받다

☑ **surgical** ★★
[sə́ːrdʒikəl]
형 외과의, 수술의

☑ **surgery** ★★
[sə́ːrdʒəri]
명 (외과) 수술, 외과
▎plastic surgery 성형 외과

☑ **anesthesia** ★
[æ̀nəsθíːʒə]
명 마취
▎general anesthesia 전신 마취

☑ **transplant** ★★
[trǽnsplæ̀nt]
명 이식 동 이식하다
▎a heart transplant 심장 이식

★
☑ **transfusion**　　　　명 수혈, 주입
[trænsfjúːʒən]

★
☑ **coma**　　　　명 혼수 상태
[kóumə]

5. 약

★★★
☑ **drugstore**　　　　명 드러그스토어, 약국
[drʌ́gstɔ̀ːr]

★★
☑ **pharmacy**　　　　명 약국, 조제술, 약학
[fáːrməs]
　ǁ pharmacist 약사

★★★
☑ **medicine**　　　　명 약
[médəsin]
　ǁ take medicine 약을 먹다

★★
☑ **medication**　　　　명 약제, 약물, 투약
[mèdəkéiʃən]
　ǁ be on the medication 약물 치료를 받고 있다

★★

☑ **capsule**
[kǽpsəl]
명 캡슐, 교갑

★★★

☑ **pill**
[píl]
명 알약, 환약, 경구 피임약
┃ swallow a pill down 알약을 먹다

★★★

☑ **tablet**
[tǽblit]
명 정제
┃ a vitamin tablet 비타민 정제

★★

☑ **ointment**
[ɔ́intmənt]
명 연고, 화장용 크림

★★

☑ **dose**
[dóus]
명 (약의) 1회분, 복용량
┃ a dose of medicine 약 1회분

★★

☑ **prescription**
[priskrípʃən]
명 처방, 처방전
┃ make out a prescription 처방전을 쓰다

★

☑ **over-the-counter**
[óuvərðəkáuntər]
형 의사의 처방 없이 팔수 있는
┃ an over-the-counter drug 처방전 없이 살 수 있는 약

★★★
compound
[kəmpáund]

명 혼합물   동 조제(합성)하다

▌ compound a medicine 약을 조제하다

★★★
effect
[ifékt]

명 효과, 효능, 결과

6. 임신과 출산

★
pregnancy
[prégnənsi]

명 임신, 임신 기간

★★
maternity
[mətə́ːrnəti]

명 어머니임   형 임산부의

▌ a maternity wear 임부복

★
childbirth
[tʃáildbəːrθ]

명 해산, 분만

★★★
delivery
[dilívəri]

명 분만, 출산

▌ natural delivery 자연 분만

☑ **miscarriage**
[mískǽridʒ]
(명) 유산

☑ **Caesarean**
[sizɛ́əriən]
(형) 제왕 절개의
▌a Caesarean operation 제왕 절개 수술

☑ **premature**
[prìːmətjúər]
(형) 조산의, 조숙한, 너무 이른
▌premature birth 조산

☑ **sterility**
[stəríləti]
(명) 불임, 불임증
▌sterilization 불임 수술

☑ **ovulation**
[àvjuléiʃən]
(명) 배란
▌an ovulation age 배란 연령

☑ **insemination**
[insèmənéiʃən]
(명) 수정, 정액 주입
▌artificial insemination 인공 수정

☑ **contraception**
[kàntrəsépʃən]
(명) 피임, 피임법

NEW TOEIC VOCABULARY

PART >> 2

품사별

New
Toeic
Vocabulary

01 토익 고득점을
위해 꼭 알아야
할 명사

★
☑ **homeland**
[hóumlæ̀nd]

명 고국, 조국

★★★
☑ **grocery**
[gróusəri]

명 식료 잡화점, 식품점

▌a grocer 식료품상

★★★
☑ **heir**
[ɛər]

명 상속인, 후계자

▌an heir to property 유산 상속인

★★★
☑ **horseback**
[hɔ́ːrsbæ̀k]

명 말 등

★★
☑ **stationery**
[stéiʃənèri]

명 문방구

▌a stationery shop 문방구점

★★
☑ **bakery**
[béikəri]

명 빵집, 제과점

★★★
☑ **mosquito**
[məskíːtou]

명 모기

▌a mosquito net 모기장

★★★
◪ **preference** [명] 더 좋아함, 선택
[préfərəns]
▌a matter of preference 선호의 문제

★★★
◪ **surface** [명] 표면, 수면
[sə́:rfìs]

★★★
◪ **purse** [명] 지갑
[pə́:rs]

★★★
◪ **soil** [명] 흙, 토양
[sɔ́il]
▌rich soil 기름진 땅

★★★
◪ **wheat** [명] 밀
[hwi:t]

★★★
◪ **satire** [명] 풍자 (문학), 비꼼
[sǽtaiər]
▌a satire on society 사회 풍자

★★★
◪ **charity** [명] 자선, 자비심
[tʃǽrəti]
▌a charity fund 자선 기금

★★★
☑ **illusion**
[iljú:ʒən]
명 환영, 환상

┃ an optical illusion 착시

★★★
☑ **complaint**
[kəmpléint]
명 불평, 불만

★★★
☑ **envelope**
[énvəlòup]
명 봉투, 싸개

┃ seal an envelope 봉투를 봉하다

★★★
☑ **basement**
[béismənt]
명 지하층, 지하실

★★★
☑ **dropout**
[drápaùt]
명 낙후, 탈락, 중퇴자

┃ a high school dropout 고교 중퇴자

★★★
☑ **fame**
[féim]
명 명성, 평판

★★
☑ **restriction**
[ristríkʃən]
명 제한, 한정

┃ remove the restriction 제한을 철폐하다

★★
☑ **cyclist**   몡 자전거 타는 사람
[sáiklist]

★★★
☑ **indifference**   몡 무관심, 냉담
[indífərəns]

▌ an air of indifference 무관심한 태도

★★★
☑ **package**   몡 꾸러미, 소포
[pǽkidʒ]

★★★
☑ **youngster**   몡 젊은이, 소년
[jʌ́ŋstər]

▌ an impressionable youngster 감수성이 강한 소년

★★★
☑ **edge**   몡 가장자리, 모서리
[édʒ]

▌ the edge of a box 상자의 모서리

★★★
☑ **outcome**   몡 결과, 성과
[áutkʌ̀m]

▌ the outcome of the election 선거의 결과

★★★
☑ **terrace**   몡 테라스, 언덕
[térəs]

walkway ★
[wɔ́:kwèi]
명 통로, 보도

| an overhead walkway 보도 육교

hardship ★★★
[há:rdʃip]
명 곤란, 고충, 학대

| endure every hardship 온갖 곤란을 견디다

prejudice ★★★
[prédʒudis]
명 편견, 선입관

mentality ★★
[mentǽləti]
명 지능, 정신, 심리

| the female mentality 여성 심리

laundry ★★★
[lɔ́:ndri]
명 세탁물, 세탁소

| a package of laundry 빨래 보따리

kitchenware ★
[kítʃənwɛ̀ər]
명 부엌 용품

fire engine ★★★
[fáiər èndʒin]
명 소방차

★★★
☑ **drawer**
[drɔ́:r]
몡 서랍, 장롱

★★★
☑ **flash**
[flǽʃ]
몡 번쩍임, 섬광

▌a flash of lightning 번갯불의 번쩍임

★★
☑ **fringe**
[frínʤ]
몡 언저리, 부차적인 부분

▌a fringe of trees on a pond 연못가를 둘러싼 나무들

★
☑ **wildlife**
[wáildlàif]
몡 (집합적) 야생 생물

★★★
☑ **gratitude**
[grǽtətʃùːd]
몡 감사(하는 마음)

▌weep for gratitude 감사의 눈물을 흘리다

★★★
☑ **ridge**
[ríʤ]
몡 산등성이, 산마루

▌the ridge of a mountain 산등마루

★★★
☑ **fountain**
[fáuntən]
몡 분수, 분수지, 샘, 수원

★★★
☑ **ladder**
[lǽdər]
명 사다리

★
☑ **significance**
[signífikəns]
명 의미, 중요성

┃ a word of great significance 매우 의미심장한 말

★★★
☑ **flour**
[fláuər]
명 밀가루, 고운 가루

★
☑ **lakeside**
[léiksàid]
명 호안, 호반

┃ a lakeside hotel 호반의 호텔

★★★
☑ **toast**
[tóust]
명 토스트, 구운 빵

★★
☑ **embarrassment**
[imbǽrəsmənt]
명 난처, 당혹, 당황

┃ feel embarrassment 당혹감을 느끼다

★★★
☑ **seminar**
[sémənàːr]
명 세미나

┃ hold a seminar 세미나를 개최하다

★★
☑ **blouse**
[bláus]

명 (여성용) 블라우스, 윗옷

★
☑ **newsletter**
[njú:zlètər]

명 회보, 월보, 연보

★★
☑ **resemblance**
[rizémbləns]

명 유사, 닮음

❚ a close resemblance 흡사

★★
☑ **awareness**
[əwɛ́ərnis]

명 자각, 인식

❚ political awareness 정치 의식

★★★
☑ **consequence**
[kánsəkwèns]

명 결과, 결말, 중요성

❚ as a natural consequence 당연한 귀결로서

★★
☑ **likelihood**
[láiklihùd]

명 가능성, 가망

❚ in all likelihood 십중팔구

★★
☑ **herb**
[hə́:rb]

명 허브, 약초

florist ★
[flɔ́ːrist]
명 꽃가게, 화초 재배자

‖ work with a florist 꽃가게에서 일하다

weed ★★★
[wíːd]
명 잡초, 쓸모 없는 것[사람]

‖ pull up weed 잡초를 뽑다

fabric ★★★
[fǽbrik]
명 피륙, 직물, 천, 편물

‖ silk fabrics 실크 직물

humorist ★
[hjúːmərist]
명 유머가 있는 사람, 해학가

vinegar ★★★
[vínigər]
명 식초, 초, 찡그린 표정

distress ★★★
[distrés]
명 고민, 비통, 곤란

‖ moan in distress 고통으로 신음하다

diner ★
[dáinər]
명 식당차, 식당차식의 간이식당

★
☑ **send-off**
[séndɔ̀f]
명 송별, 배웅

★★★
☑ **offspring**
[ɔ́ːfsprìŋ]
명 자식, 자손

┃ hand down to one's offspring 후손에게 전하다

★
☑ **ignition**
[igníʃən]
명 점화 (장치)

★★
☑ **barricade**
[bǽrəkèid]
명 바리케이드, 장애물

┃ set up a barricade 바리케이드를 치다

★★
☑ **erosion**
[iróuʒən]
명 부식, 침식

┃ wind erosion 풍식 작용

★★★
☑ **peril**
[pérəl]
명 위험, 위기

┃ survive all perils 온갖 위험 속에서도 살아남다

★★★
☑ **whip**
[hwip]
명 채찍, 채찍질

★★★
☑ **row**　　　　　　　　　명 행렬, 늘어섬, 열, 줄
[róu]
▮ in rows 여러 줄로 서서

★
☑ **dresser**　　　　　　　명 화장대
[drésər]

★★★
☑ **rear**　　　　　　　　　명 배후, 뒤
[ríər]
▮ follow in the rear 뒤에서 따라가다

★★★
☑ **portion**　　　　　　　명 일부, (음식) 1인분
[pɔ́:rʃən]
▮ order two portions of chicken 치킨 2인분을 주문하다

★★
☑ **chore**　　　　　　　　　명 잡일, 허드렛일
[tʃɔ́:r]
▮ hateful chores 지긋지긋한 잡일

★★★
☑ **errand**　　　　　　　　명 심부름
[érənd]

★★
☑ **texture**　　　　　　　명 감촉, 직물, 짜임새
[tékstʃər]

★★★
☑ couch
[káutʃ]

명 긴 의자, 소파

❚ repose on a couch 긴 의자에서 쉬다

★★
☑ lounge
[láundʒ]

명 (호텔 등의) 로비, 휴게실

★★
☑ buggy
[bʌ́gi]

명 4륜 경마차, 유모차

★★★
☑ passage
[pǽsidʒ]

명 (인용한) 한 구절, 일절

❚ quote a passage from Chaucer 초서의 1절을 인용하다

★★★
☑ virtue
[vɚ́ːrtʃuː]

명 좋은 점, 장점

❚ a man of virtue 미덕을 지닌 사람

★
☑ carton
[káːrtn]

명 상자, 판지 상자

❚ a carton of cigarettes 담배 한 상자

★★
☑ dime
[daim]

명 10센트 동전

★★
☑ **lever**　　　　　　　　　⑨ 지레, 레버
　[lévər]
　❚ pry up a stone with a lever 지레로 돌을 들어올리다

★
☑ **hallway**　　　　　　　　⑨ 현관, 복도
　[hɔ́lwèi]

★★★
☑ **utensil**　　　　　　　　⑨ 기구, 용구, 가정 용품
　[juːténsəl]
　❚ kitchen utensils 주방용구

★★★
☑ **doorway**　　　　　　　⑨ 출입구, 현관
　[dɔ́ːrwèi]

★
☑ **protester**　　　　　　　⑨ 항의자, 시위자
　[proutéstər]

★★★
☑ **closet**　　　　　　　　⑨ 벽장, 찬장, 수납장
　[klázit]
　❚ set-in closets 붙박이 장

★★★
☑ **estate**　　　　　　　　⑨ 재산, 소유지, 지분
　[istéit]
　❚ inherit one's father's estate 아버지 재산을 상속하다

trail
***
[tréil]
명 지나간 자국, 흔적, 작은 길

▮ a remote mountain trail 외진 산길

buffet
**
[bəféi]
명 뷔페

hay
***
[héi]
명 건초, 마른 풀

profile
**
[próufail]
명 측면, 옆모습, 인물 소개

▮ a profile in silhouette 실루엣으로 나타난 옆모습

mix-up
*
[míksÀp]
명 혼란

mechanic
**
[məkǽnik]
명 기계공, 직공

▮ an automobile mechanic 자동차 기계공

canal
***
[kənǽl]
명 운하, 용수로

▮ an interoceanic canal 양 대양을 연결하는 운하

★★★
◪ **grain** [명] 곡물, 곡류
[gréin]
▌grind grain in a water mill 물방아로 곡물을 찧다

★★★
◪ **drain** [명] 배수로, 하수구
[dréin]

★★★
◪ **mute** [명] 벙어리
[mjú:t]

★★
◪ **librarian** [명] 사서, 도서관 직원
[laibréəriən]

★★★
◪ **initiative** [명] 선도, 솔선, 독창력
[iníʃiətiv]
▌have the initiative 주도권을 쥐고 있다

★★★
◪ **fraction** [명] 아주 소량, 조금
[frǽkʃən]
▌in a fraction of a second 1초의 몇 분의 1 동안에

★★
◪ **workmanship** [명] (장인, 직공의) 기능, 기량
[wə́:rkmənʃip]
▌elaborate workmanship 공들인 솜씨

★★
☑ **projection**
[prədʒékʃən]

명 투사, 추정, 고안

▮ a projection machine 영사기

★
☑ **pickup**
[píkʌp]

명 소형 트럭

★★
☑ **maintenance**
[méintənəns]

명 유지, 보수 관리

▮ the maintenance of a building 건물의 보수 관리

★
☑ **breakup**
[bréikʌp]

명 분열, 해산

★★
☑ **hanger**
[hǽŋər]

명 옷걸이

★★★
☑ **disturbance**
[distə́:bəns]

명 소란, 어지럽힘, 방해

▮ cause a disturbance 소란을 일으키다

★★★
☑ **pigeon**
[pídʒən]

명 비둘기

▮ a carrier pigeon 통신용 비둘기

★★
☑ **auction** 명 경매
[ɔ́:kʃən]

▌a public auction 공개 경매

★★
☑ **criterion** 명 기준, 척도
[kraitíəriən]

▌one's criterion of success 성공의 기준

★★★
☑ **dawn** 명 새벽
[dɔ́:n]

★★★
☑ **leather** 명 가죽
[léðər]

▌synthetic leather 합성 피혁

★
☑ **tuxedo** 명 턱시도
[tʌksí:dou]

★
☑ **cancellation** 명 취소, 말소
[kæ̀nsəléiʃən]

★★
☑ **framework** 명 골조, 구성
[fréimwə̀:rk]

▌the framework of a story 이야기의 구성

★★★
☑ **gateway**
[géitwèi]
명 출입구

★★★
☑ **paradox**
[pǽrədàks]
명 역설, 모순

★★
☑ **railing**
[réiliŋ]
명 난간, 울타리

▌enclose an iron railing 철책을 두르다

★★★
☑ **potential**
[pəténʃəl]
명 가능성, 잠재성

▌a company with growth potential 성장 가능성을 가진 회사

★★
☑ **motorist**
[móutərist]
명 자동차 운전자

★
☑ **replica**
[réplikə]
명 모사화, 복제품

• ▌a full-scale replica 실물 크기의 복제

★
☑ **dustpan**
[dʌ́stpæ̀n]
명 쓰레받기

▌sweep into a dustpan 쓰레받기에 쓸어 담다

★
☑ **cosponsor**　　　　　명 공동 스폰서
[kòuspánsər]

★★★
☑ **moss**　　　　　명 이끼
[mɔ́ːs]

▌ moss of a hairy feature 털 모양의 이끼

★★
☑ **spouse**　　　　　명 배우자
[spáus]

★★
☑ **anguish**　　　　　명 고뇌, 고통
[ǽŋgwiʃ]

▌ mental anguish 정신적인 고통

★★★
☑ **moan**　　　　　명 신음 소리, 불평, 한탄
[móun]

★★★
☑ **flame**　　　　　명 불꽃
[fléim]

▌ flame of desire 욕망의 불

★★★
☑ **epoch**　　　　　명 신기원, 획기적인 사건
[épək]

▌ make an epoch 신기원을 이룩하다

***

★★★
☑ **scar**　　　　　　　　　　명 상처, 자국
[ská:r]
▮ a face with a scar 흉터가 있는 자국

★★★
☑ **pronoun**　　　　　　　　명 대명사
[próunàun]
▮ a personal pronoun 인칭 대명사

★
☑ **expertise**　　　　　　　명 전문적 기술
[èkspə:rtí:z]

★★★
☑ **ounce**　　　　　　　　　명 온스 (무게 단위)
[áuns]

★★
☑ **integrity**　　　　　　　명 정직, 성실, 고결
[intégrəti]
▮ a man of integrity 청렴한 사람

★★★
☑ **mischief**　　　　　　　명 장난, 해악, 해독
[místʃif]
▮ childish mischief 어린아이 같은 장난

★★★
☑ **curve**　　　　　　　　　명 곡선, 커브
[kə́:rv]

★★★
lawn 명 잔디, 잔디밭
[lɔ́ːn]

▎mow the lawn 잔디밭을 깎다

★★★
cemetery 명 공동묘지
[sémətèri]

★★
surge 명 큰 파도, 쇄도, 돌진
[sə́ːrdʒ]

▎a surge of crowd 군중의 쇄도

★
hogwash 명 시시한 작품, 부엌 찌꺼기
[hɔ́ːgwɔ̀ʃ]

★★
dismay 명 낙담, 당황
[disméi]

▎in dismay 망연자실하여

★★★
cereal 명 곡물 식품, 시리얼, 곡식
[síəriəl]

★★★
pad 명 (한 장씩 떼어 쓰는) 종이철
[pǽd]

▎a daily pad calendar 매일 찢어 내는 달력

★
☑ **ashtray**
[ǽʃtrèi]
명 재떨이

★★
☑ **ivy**
[áivi]
명 담쟁이덩굴

┃ trees twisted with ivy 담쟁이덩굴이 감긴 나무들

★
☑ **hors d'oeuvre**
[ɔːr də́ːrv]
명 전채요리

★★★
☑ **menace**
[ménis]
명 골칫거리, 협박, 위협

┃ a menace to peace 평화에 대한 위협

★★
☑ **physique**
[fizíːk]
명 체격, 몸집

┃ a robust physique 건장한 체격

★★★
☑ **consent**
[kənsént]
명 동의, 승낙

┃ ask consent 승낙을 청하다

★
☑ **facet**
[fǽsit]
명 한 면, 깎은[자른] 면

★★★
☑ **swamp** 명 습지, 늪지대
[swámp]

★★★
☑ **trifle** 명 하찮은 것, 사소한 일
[tráifl]

❚ quarrel about trifles 하찮은 일로 다투다

★★★
☑ **rust** 명 (금속의) 녹
[rΛst]

❚ the rust on a nail 못의 녹

★
☑ **contingency** 명 우발 사건, 뜻밖의 사고
[kəntíndʒənsi]

❚ provide against contingencies 만일의 사태에 대비하다

★★★
☑ **fright** 명 공포, 놀람
[fráit]

★★★
☑ **feast** 명 축하연, 진수성찬
[fíːst]

❚ a wedding feast 결혼 축하연

★
☑ **swatch** 명 천 조각, 자투리, 견본
[swɑtʃ]

★★
☑ **habitat**　　　　　　명 (동식물의) 서식지
[hǽbitæt]

┃ the habitat of wild animals 야생동물의 서식지

★★★
☑ **banquet**　　　　　　명 진수성찬, 연회
[bǽŋkwit]

┃ hold a banquet 연회를 베풀다

★★★
☑ **cane**　　　　　　명 지팡이
[kéin]

★★★
☑ **lament**　　　　　　명 슬픔, 한탄, 비탄
[ləmént]

★★★
☑ **jest**　　　　　　명 농담, 헛소리
[dʒést]

┃ break a jest 농담하다

★★
☑ **hybrid**　　　　　　명 잡종, 혼혈
[háibrid]

★★
☑ **stack**　　　　　　명 더미, 쌓아올림
[stǽk]

┃ a stack of straws 볏짚 더미

★★★
◪ **meadow** [명] 목초지, 초원
[médou]
▮ an open meadow 널따란 초원

★★
◪ **clipping** [명] (신문, 잡지에서) 오려 낸 것
[klípiŋ]

★
◪ **flagpole** [명] 깃대
[flǽgpòul]

★
◪ **proximity** [명] 근처, 가까운 곳, 근접
[prɑksíməti]
▮ in close proximity 아주 근접하여

★★★
◪ **barn** [명] 헛간, 광, 외양간
[bɑ́ːrn]

★★★
◪ **trunk** [명] (나무) 줄기, 여행용 가방
[trʌ́ŋk]
▮ the girth of a tree trunk 나무 줄기의 둘레

★★
◪ **plea** [명] 애원, 간청, 변명
[plíː]
▮ make a plea for mercy 자비를 빌다

★★★
☑ **log** 명 통나무
[lɔ́:g]

┃ saw a log in half 통나무를 반으로 켜다

★★
☑ **trustee** 명 이사, 임원, 피신탁자
[trʌstíː]

★
☑ **blueprint** 명 청사진, 상세한 계획
[blúːprìnt]

┃ make a blueprint 청사진을 만들다

★
☑ **copier** 명 복사기, 모방자
[kápiər]

┃ a photocopier 사진 복사기

★★★
☑ **perseverance** 명 인내, 끈기
[pə̀:rsəvíərəns]

★
☑ **lamppost** 명 가로등의 기둥
[lǽmppòust]

★★
☑ **suite** 명 특별실, 스위트 룸
[swíːt]

┃ a hotel suite 호텔의 스위트 룸

☑ **courier** ★
[kə́:riər]
명 급사, 특사, 안내원

☑ **longitude** ★★
[lándʒətjùːd]
┃ longitude 50 degrees west 서경 50도
명 경도, 경선

☑ **latitude** ★★
[lǽtətjùːd]
┃ the north latitude 북위
명 위도

☑ **tripod** ★
[tráipɑd]
명 3각대, 삼발이

☑ **laser** ★
[léizər]
명 레이저

☑ **poise** ★★
[pɔ́iz]
┃ lose one's poise 평형을 잃다
명 균형, 평형

☑ **malice** ★★★
[mǽlis]
┃ bear malice 악의를 품다
명 악의, 적의

★★
◪ **yolk** [명] (달걀의) 노른자, 핵심
[jóuk]

★★★
◪ **rapture** [명] 큰 기쁨, 환희, 황홀
[rǽptʃər]
▌fly into raptures 기뻐서 날뛰다

★★★
◪ **bud** [명] 싹, 꽃봉오리
[bʌ́d]
▌a flower bud 꽃눈

★★★
◪ **throng** [명] 군중, 다수
[θrɔ́:ŋ]
▌a vulgar throng 일반 대중

★★★
◪ **urge** [명] (강한) 충동, 압박, 자극
[ə́:rdʒ]

★
◪ **premises** [명] 건물이 딸린 토지, 구내, 건물
[prémisiz]
▌the station premises 정거장 구내

★★
◪ **butt** [명] 궐연, 담배꽁초, 밑동
[bʌ́t]

★★
☑ **tingle** 　　　　명 얼얼함, 욱신욱신함, 설렘
[tíŋgl]

★★★
☑ **threshold** 　　　　명 문지방, 입구, 발단, 시초
[θréʃʰould]
❙ cross the threshold 문지방을 넘다

★★
☑ **priority** 　　　　명 (시간 · 순서가) 앞인 것
[praiɔ́:rəti]
❙ a matter of the highest priority 최우선 사항

★★★
☑ **sentiment** 　　　　명 감정, 정서, 정감
[séntəmənt]
❙ a sentiment of pity 연민의 정

★★★
☑ **postage** 　　　　명 우편 요금
[póustidʒ]

★
☑ **soy sauce** 　　　　명 간장
[sɔ́i sɔ̀:s]

★★★
☑ **luncheon** 　　　　명 오찬 모임, 점심
[lʌ́ntʃən]
❙ invite to a luncheon 오찬에 초대하다

★★
☑ **skyscraper**
[skáiskrèipər]
명 초고층 빌딩, 마천루

▌the cityscape of skyscraper 초고층 건물의 도시 풍경

★★
☑ **ingenuity**
[ìndʒənjúːəti]
명 발명의 재주, 창의력

▌exercise one's ingenuity 창의력을 발휘하다

★★★
☑ **figure**
[fígjər]
명 가격, 숫자, 계산, 형태

★★
☑ **ratio**
[réiʃou]
명 비, 비율

▌the ratio of two to three 2대 3의 비

★★★
☑ **outlet**
[áutlèt]
명 (전기) 콘센트, 특약점, 출구

▌put a plug into the outlet 콘센트에 플러그를 끼우다

★★★
☑ **corridor**
[kɔ́ːridər]
명 복도

★★
☑ **groom**
[grúːm]
명 신랑

★★
☑ **prairie** 명 대초원, 목초지
[préəri]
┃ the vast prairie 광대한 대초원

★
☑ **couch potato** 명 게으르고 비활동적인 사람
[káutʃ pətèitou]

★
☑ **athletic meet** 명 운동회
[æθlétik mi:t]

★★★
☑ **ornament** 명 장식품, 꾸밈
[ɔ́:rnəmənt]
┃ architectural ornaments 건축 장식품

★★★
☑ **orchard** 명 과수원
[ɔ́:rtʃərd]
┃ an apple orchard 사과 과수원

★
☑ **overview** 명 개관, 개요, 개략
[óuvərvjù:]

★★★
☑ **token** 명 표시, 증거, 기념물
[tóukən]
┃ a token of thanks 감사의 표시

★★★
☑ **dairy**
[dέəri]
명 유제품, 버터 · 치즈 제조장

▌ a dairy farm 낙농장

★★★
☑ **floor**
[flɔ́ːr]
명 발언권, 방바닥, 층

▌ ask for the floor 발언권을 요구하다

★
☑ **bookkeeping**
[búkkìːpiŋ]
명 부기

★★★
☑ **mate**
[méit]
명 친구, 배우자

★★★
☑ **species**
[spíːʃiːz]
명 종, 종류

▌ every species of butterflies 여러 종의 나비

★★★
☑ **flesh**
[fléʃ]
명 육체, 인간, (인간 · 동물의) 살

★★
☑ **complexion**
[kəmplékʃ ən]
명 안색, 외모

▌ have a good complexion 화색이 돌다

317

★★★
☑ **nickel**
[níkəl]
명 5센트짜리 동전

★
☑ **agenda**
[ədʒéndə]
명 의제, 의사 일정
▌ the first item on the agenda 의사 일정의 제 1항목

★★
☑ **mainland**
[méinlænd]
명 본토

★★★
☑ **scheme**
[skíːm]
명 음모, 계획
▌ an outline of a scheme 계획의 윤곽

★★★
☑ **blast**
[blæst]
명 폭발, 경적 소리, 돌풍
▌ a blast of wind 한바탕 부는 바람

★★
☑ **ingredient**
[ingríːdiənt]
명 재료, 성분
▌ the ingredient of a cake 케이크의 재료

★★★
☑ **forehead**
[fɔ́ːrid]
명 이마

★★★
☑ **shade** 명 그늘, 응달, 음지
[ʃéid]

▍take a rest in the shade 그늘에서 쉬다

★★★
☑ **palm** 명 손바닥
[páːm]

★★
☑ **warehouse** 명 창고
[wέərhàus]

★★★
☑ **garment** 명 옷, 의류
[gáːrmənt]

▍a garment of a violent hue 강렬한 색조의 의상

★★
☑ **appliance** 명 전기 기구, 장치
[əpláiəns]

▍household appliances 가전 제품

★★
☑ **odor** 명 냄새
[óudər]

▍a disgusting odor 역한 냄새

★★★
☑ **cupboard** 명 찬장
[kʌ́bərd]

***
sphere
[sfíər]
명 영역, 구체, 구형

the sphere of science 과학의 영역

***
disposition
[dìspəzíʃən]
명 성질, 기질, 성격

a cheerful disposition 밝은 성격

***
thigh
[θái]
명 대퇴부, 허벅지

***
hemisphere
[hémisfìər]
명 (지구·천체의) 반구

the southern hemisphere 남반구

***
blaze
[bléiz]
명 불꽃, 화염, (감정 등의) 폭발

**
livestock
[láivstàk]
명 가축

*
detergent
[ditə́:rdʒənt]
명 세제

a synthetic detergent 합성 세제

***
☑ **gulf**
[gʌlf]

명 만(灣), 깊은 금(틈)

▌the Gulf of Mexico 멕시코만

***
☑ **nuisance**
[njúːsns]

명 폐, 성가심, 귀찮음

**
☑ **blister**
[blístər]

명 물집, 수포

▌get a blister on one's foot 발에 물집이 생기다

**
☑ **staircase**
[stɛ́ərkèis]

명 계단

***
☑ **patch**
[pǽtʃ]

명 헝겊 조각, 천조각

***
☑ **peninsula**
[pənínsjulə]

명 반도

▌the Korean Peninsula 한반도

**
☑ **recipe**
[résəpìː]

명 조리법

▌a recipe for a cake 케이크 만드는 법

☑ **brunch**
[brʌntʃ]
명 아침 겸 점심

☑ **lap**
[læp]
명 무릎

☑ **vocation**
[voukéiʃən]
명 직업, 사명, 천직
▌find one's vocation 천직을 찾아내다

☑ **calf**
[kæf]
명 장딴지, 종아리
▌lash on the calf 종아리를 때리다

☑ **steering wheel**
[stíəriŋ hwi:l]
명 (자동차의) 핸들

☑ **expedition**
[èkspədíʃən]
명 탐사대, 원정
▌the leader of an expedition 탐사대의 대장

☑ **ceiling**
[síːliŋ]
명 최고 한도, 한계, 천장
▌reach the ceiling 한계점에 도달하다

★★★
☑ **wrinkle**
[ríŋkl]

몡 주름

▌iron out wrinkles 다리미로 주름을 펴다

★★★
☑ **fireplace**
[fàiərpléis]

몡 난로

★★★
☑ **lull**
[lʌl]

몡 일시적인 고요, (병의) 소강

▌the lull before the storm 폭풍 전의 고요

★★
☑ **debut**
[déibjuː]

몡 데뷔, 첫 등장

▌make one's debut 처음으로 무대를 밟다

★★★
☑ **lumber**
[lʌ́mbər]

몡 제재, 목재, 잡동사니

★★★
☑ **mill**
[míl]

몡 제분소, 제작소, 제조 공장

▌a steel mill 제강 공장

★★★
☑ **coffin**
[kɔ́ːfin]

몡 관

★★★
☑ **vision**　　　　　　　　 명 시력, 시각, 상상력, 환상
[víʒən]
┃ the organ of vision 시각 기관

★
☑ **photocopy**　　　　　　　 명 사진 복사(물)
[fóutoukàpi]

★★
☑ **context**　　　　　　　　 명 문맥
[kántekst]
┃ guess the meaning from the context 문맥으로 의미를 추측하다

★★★
☑ **plot**　　　　　　　　　　 명 줄거리, 음모
[plát]
┃ devise a plot 음모를 꾸미다

★★★
☑ **widow**　　　　　　　　　 명 미망인, 과부
[wídou]

★★★
☑ **ray**　　　　　　　　　　 명 광선
[réi]

★★★
☑ **brim**　　　　　　　　　　 명 가장자리, 언저리, 테두리
[brím]
┃ the brim of a hat 모자의 테

★★
ranch
[ræntʃ]
명 목장, 농장, 농원

▌a fruit ranch 과수원

★
windshield
[wíndʃìːld]
명 (자동차 등의) 앞 유리

★★
dinosaur
[dáinəsɔ̀ːr]
명 공룡

★★
dough
[dóu]
명 가루 반죽, 굽지 않은 빵

▌knead dough 가루 반죽을 개다

★★★
fiber
[fáibər]
명 섬유

▌a vegetable fiber 식물성 섬유

★
résumé
[rézumèi]
명 이력서, 대략, 개요

★★★
fist
[físt]
명 주먹

▌clench one's fists 주먹을 불끈 쥐다

★★

☑ **driveway**
[dráivwèi]

명 (대문에서 현관까지의) 차도

★★★

☑ **rug**
[rʌ́g]

명 융단, 깔개

▮ a bear rug 곰의 모피로 된 깔개

★★★

☑ **oxygen**
[ɑ́ksidʒən]

명 산소

★★★

☑ **folks**
[fouks]

명 가족, 사람들

▮ poor folks 가난한 사람들

★★★

☑ **courtesy**
[kə́:rtəsi]

명 호의, 예의, 공손, 친절

▮ pay a courtesy visit 인사차 방문하다

★★★

☑ **utmost**
[ʌ́tmòust]

명 전력, 최고도, 극도

▮ do one's utmost 전력을 다하다

★★★

☑ **whereabouts**
[hwɛ́ərəbàuts]

명 소재, 행방

★★
☑ **circumference**　　　명 원주, 주변, 주위
[sərkʌ́mfərəns]

★★★
☑ **rage**　　　명 격노, 열망, 대유행
[reidʒ]
▮ in a rage 격노하여

★★
☑ **drawback**　　　명 결점, 장해
[drɔ́:bæ̀k]
▮ the drawbacks of country living 시골 생활의 단점

★★
☑ **fad**　　　명 일시적인 유행
[fǽd]
▮ the latest fads 최신 유행

★
☑ **breakthrough**　　　명 돌파구, 타개책, 비약적 발전
[brɛ́ikθrù:]

★★★
☑ **hedge**　　　명 울타리, 경계, 장벽
[hédʒ]
▮ a hedge of convention 인습의 장벽

★
☑ **aftereffect**　　　명 여파, 후유증
[ǽftərifèkt]

★★
☑ **alley**
[ǽli]
영 골목, 샛길, 뒷길

▮ a blind alley 막다른 골목

★★★
☑ **microscope**
[máikrəskòup]
영 현미경

★★★
☑ **realm**
[rélm]
영 영역, 분야, 왕국, 영토

▮ the realm of the subconscious 잠재 의식의 영역

★★★
☑ **seam**
[síːm]
영 솔기, 꿰맨 줄

▮ the seams of trousers 바지의 솔기

★
☑ **leverage**
[lévəridʒ]
영 영향력, 지레의 작용

★★★
☑ **fluid**
[flúːid]
영 액체, 유동체

★★
☑ **poultry**
[póultri]
영 가금류 (닭, 집오리 등)

▮ a poultry farm 양계장

***
☑ refreshments
[rifréʃmənts]

(명) 가벼운 음식물, 다과, 원기 회복

❚ serve refreshments 다과를 대접하다

**
☑ zest
[zést]

(명) 재미, 흥미, 열정

❚ give (a) zest to ~ ~에 흥취를 더하다

**
☑ array
[əréi]

(명) 열거, 나열, 정렬

❚ an array of cars 자동차의 행렬

**
☑ discretion
[diskréʃən]

(명) 행동[판단, 선택]의 자유, 결정권

❚ leave to discretion 재량에 맡기다

**
☑ convertible
[kənvə́:rtəbl]

(명) 오픈 카

*
☑ blackout
[blǽkàut]

(명) 정전, 소등, 등화 관제

**
☑ reminder
[rimáindər]

(명) 생각나게 하는 사람[물건], 암시

☑ **spell** 명 기간, 한 차례의 일, 순번
[spél]
★★★

┃ a spell of fine weather 한동안의 좋은 날씨

☑ **glacier** 명 빙하
[gléiʃər]
★★

☑ **gourmet** 명 식도락가
[gúərmei]
★

☑ **bulk** 명 대부분, 용적, 부피
[bʌlk]
★★★

┃ an article of great bulk 부피가 큰 물건

☑ **hierarchy** 명 서열, 계층제, 계급제
[háiərɑ̀ːrki]
★★

┃ occupational hierarchy 직업상의 서열

☑ **shorthand** 명 속기(술)
[ʃɔ́ːrthæ̀nd]
★★★

☑ **detour** 명 우회, 먼 길로 돔
[díːtuər]
★

┃ make a detour of 5 miles 5마일을 우회하다

**
☑ incentive
[inséntiv]
명 자극, 동기

┃ incentive wage system 장려 임금 제도

***
☑ skeleton
[skélətn]
명 해골, 뼈대, 분자의 골격 구조

*
☑ condo
[kándou]
명 분양 아파트

*
☑ cuisine
[kwizíːn]
명 요리, 조리법

***
☑ specimen
[spésəmən]
명 교본, 견본, 표본

┃ a botanical specimen 식물의 표본

**
☑ crutch
[krʌ́tʃ]
명 목발, 버팀목

┃ walk on crutches 목발로 짚고 걷다

***
☑ ditch
[dítʃ]
명 도랑, 배수구

┃ jump a ditch 도랑을 뛰어서 넘다

procedure ★★★
[prəsíːdʒər]
명 절차, 수속, 순서
| go through boarding procedure 탑승 절차를 밟다

skull ★★
[skʌl]
명 두개골

hypothesis ★★
[haipáθəsis]
명 가설, 가정
| form a hypothesis 가설을 세우다

diameter ★★★
[daiǽmətər]
명 직경

multitude ★★★
[mʌ́ltətjùːd]
명 다수, 군중
| a multitude of girls 다수의 소녀들

downturn ★
[dáuntə̀ːrn]
명 하락, 하강
| an economic downturn 경기의 내리막

breadwinner ★
[brédwìnər]
명 집안의 벌이를 하는 사람

★
☑ **dotted line** 　　명 점선
[dátid lain]

★
☑ **subsidy** 　　명 조성금, 보조금
[sʌ́bsədi]

┃ a government subsidy 정부 보조금

★★
☑ **whiskers** 　　명 구레나룻, (고양이 등의) 수염
[hwískərz]

★★★
☑ **wreck** 　　명 파괴, 잔해, 난파
[rék]

┃ the wreck of an airplane 비행기의 잔해

★
☑ **windfall** 　　명 뜻밖의 횡재, 굴러 들어온 복
[wíndfɔ̀ːl]

★★
☑ **perspective** 　　명 견해, 관점, 원근법
[pərspéktiv]

┃ from a historical perspective 역사적인 관점에서

★★★
☑ **council** 　　명 협의회, 평의회
[káunsəl]

┃ the World Boxing Council 세계 권투 평의회(WBC)

★★
◪ **periodical** [명] 정기 간행물
[pìəriɑ́dikəl]

★
◪ **binoculars** [명] 쌍안경
[bənɑ́kjulərz]

★★★
◪ **cellar** [명] 지하 저장실
[sélər]
▌a mousy cellar 쥐가 많은 지하실

★
◪ **quota** [명] 분담액, 몫, 할당량
[kwóutə]
▌production quotas 생산 할당량

★★★
◪ **vicinity** [명] 근처, 부근, 주변
[visínəti]
▌the vicinity of Seoul 서울 부근

★★★
◪ **gem** [명] 보석
[dʒém]
▌a gem of a poem 주옥 같은 시

★★
◪ **commotion** [명] 동요, 소요, 폭동
[kəmóuʃən]

★
☑ **questionnaire** 명 앙케트, 질문 용지
[kwèstʃənέər]

❚ send out a questionnaire 앙케트 조사를 하다

★
☑ **affirmative action** 명 차별 철폐 조처
[əfə́:rmətiv ǽkʃən]

★
☑ **archive** 명 기록 보관소, 공문서
[á:rkaiv]

★★★
☑ **revenge** 명 복수
[rivéndʒ]

❚ swear revenge 복수를 맹세하다

★★
☑ **spectrum** 명 분광, 스펙트럼
[spéktrəm]

★★★
☑ **fluke** 명 요행수
[flú:k]

❚ win by a fluke 요행수로 이기다

★
☑ **red tape** 명 형식적인 수속, 관료적 형식주의
[red teip]

❚ cut red tape 관료적 형식주의를 지양하다

☑ **almanac** ★★
[ɔ́ːlmənæk]
명 연감, 책력

☑ **saliva** ★
[səláivə]
명 타액, 침
▌ spit saliva 침을 뱉다

☑ **vapor** ★★★
[véipər]
명 기체, 증기
▌ water vapor 수증기

☑ **hay fever** ★
[héi fìːvər]
명 꽃가루 알레르기

☑ **depot** ★★
[díːpou]
명 저장소, 창고, 버스 터미널

☑ **prerogative** ★★
[prirágətiv]
명 특권
▌ the prerogative of mercy 사면권

☑ **curfew** ★
[kə́ːrfjuː]
명 야간 외출[통행] 금지, 귀가 시간
▌ a curfew violator 통금 위반자

★
☑ **appetizer**
[ǽpətàizər]
몡 식욕을 돋우는 것, 전채

★
☑ **barrage**
[bərάːʒ]
몡 연발 사격, 연속, 집중 포화

▌a barrage of questions 빗발치는 질문

★
☑ **vicious circle**
[víʃəs sə́ːrkl]
몡 악순환, 순환 논법

▌a vicious circle of poverty 빈곤의 악순환

★
☑ **surcharge**
[sə́ːrtʃὰːrdʒ]
몡 추가 요금, 추징금, 과중

▌a water overuse surcharge 수도 초과 사용료

★★
☑ **solvent**
[sάlvənt]
몡 용제, 용매, 해결책

▌use alcohol as a solvent 알코올을 용제로 사용하다

★
☑ **thumbtack**
[θʌ́mtæk]
몡 압정

★
☑ **bibliography**
[bìbliάgrəfi]
몡 참고 문헌 일람표

☑ sodium ★★
[sóudiəm]
몡 나트륨

┃ sodium chlorate 염소산나트륨

☑ carcinogen ★
[kɑːrsínədʒən]
몡 발암성 물질

☑ carbohydrate ★★
[kàːrbəháidreit]
몡 탄수화물

☑ Old Glory ★★★
[ould glɔ́ːri]
몡 성조기, 미국 국기

☑ mutation ★
[mjuːtéiʃən]
몡 돌연변이, 변화

┃ the theory of mutation 돌연변이설

☑ condolence ★
[kəndóuləns]
몡 애도, 조사(弔詞), 조위(弔慰)

┃ a letter of condolence 문상 편지

☑ countenance ★★
[káuntənəns]
몡 표정, 안색, 생김새

┃ a sorrowful countenance 슬픈 표정

★★
☑ **hustle**　　　　　명 정력적 활동, 매우 서두름, 소동
[hʌ́sl]

★★
☑ **deduction**　　　　명 추론, 공제, 연역법
[didʌ́kʃən]
▌ deduction for medical expenses 의료비 공제

★
☑ **sludge**　　　　　명 침전물, 진흙
[slʌ́dʒ]

★
☑ **cordon**　　　　　명 비상 경계선
[kɔ́:rdn]
▌ a cordon of police 경찰의 비상 경계선

★★
☑ **reservoir**　　　　명 저수지, 저장소
[rézərvwà:r]

★★★
☑ **coup d'état**　　　명 쿠데타
[kú: deitá:]
▌ plot a coup d'état 쿠데타를 모의하다

★★★
☑ **streak**　　　　　명 줄, 연속, 번개, 경향, 기미
[strí:k]
▌ a streak of light 한 줄기의 빛

339

★
☑ **tremor** 　　　　　　　(명) 떨림, 미진, 진동
[trémər]
▌ tremors following an earthquake 여진

★★
☑ **kin** 　　　　　　　(명) 친척, 혈족 관계
[kin]

★
☑ **upheaval** 　　　　　　　(명) 변동, 동란
[ʌphí:vəl]
▌ a political upheaval 정치 변동

★★
☑ **segment** 　　　　　　　(명) 구획, 조각, 부분
[ségmənt]
▌ the segments of an orange 오렌지의 조각

★★
☑ **momentum** 　　　　　　　(명) 힘, 추진력, 타성
[mouméntəm]

★
☑ **leap year** 　　　　　　　(명) 윤년
[lí:p jìər]

★
☑ **retrospect** 　　　　　　　(명) 회상, 추억
[rétrəspèkt]
▌ in retrospect 되돌아보면, 회고해 보니

★★
☑ **prestige**
[prestí:dʒ]

명 명성, 위신

‖ enhance national prestige 국가의 위신을 높이다

★★★
☑ **spite**
[spáit]

명 악의, 원한

‖ have a spite against ~ ~에 대해 원한을 품다

★★★
☑ **torture**
[tɔ́:rtʃər]

명 고문, 심한 고통

‖ instruments of torture 고문 도구

★★
☑ **ado**
[ədú:]

명 소동, 수고

‖ make much ado about nothing 쓸데 없는 일로 법석을 부리다

★
☑ **deforestation**
[di:fɔ̀:ristéiʃən]

명 삼림 벌채

★
☑ **greenback**
[grí:nbæ̀k]

명 미국 지폐

★
☑ **laundromat**
[lɔ́:ndrəmæ̀t]

명 자동 세탁기 상표명, 빨래방

★★
☑ **inference** 　　　　　　　　몡 추론, 추리
[ínfərəns]
❙ inductive inference 귀납 추리

★★★
☑ **cluster** 　　　　　　　　몡 송이, 집단, 무리
[klʌ́stər]
❙ a cluster of bananas 바나나 한 송이

★
☑ **benchmark** 　　　　　　　몡 기준
[béntʃmàːrk]

★
☑ **déjà vu** 　　　　　　　　몡 기시(감)
[dèiʒɑː vjúː]

★
☑ **sperm** 　　　　　　　　　몡 정자, 정액
[spə́ːrm]
❙ sperm bank 정자 은행

★
☑ **hotbed** 　　　　　　　　　몡 온실, 온상, 소굴
[hátbèd]
❙ a hotbed of crime 범죄의 온상

★★
☑ **correlation** 　　　　　　　몡 상관 관계, 상호 관련
[kɔ̀ːrəléiʃən]

★★
☑ **cohesion**
[kouhíːʒən]
> 명 단결, 결합

★★★
☑ **blade**
[bléid]
> 명 칼날, (스케이트 등의) 날

┃ a razor blade 면도날

★★★
☑ **proposition**
[pràpəzíʃən]
> 명 명제, (사업상의) 제안

┃ an absolute proposition 정언 명제

★★
☑ **chrysanthemum**
[krisǽnθəməm]
> 명 국화

★★
☑ **fertilizer**
[fə́ːrtəlàizər]
> 명 (화학) 비료

┃ organic fertilizer 유기 비료

★★
☑ **demeanor**
[dimíːnər]
> 명 거동, 행실, 태도

┃ a kind and gentle demeanor 친절하고 점잖은 태도

★
☑ **guinea pig**
[gíni píg]
> 명 실험 재료, 모르모트

★
☑ **prototype** 명 원형, 견본, 전형
[próutətàip]
▮ the prototype of a character (소설에서의) 인물의 원형

★★
☑ **antagonism** 명 적대심, 반대
[æntǽgənìzəm]

★★
☑ **pint** 명 파인트 (액량의 단위)
[paint]
▮ one pint of milk 우유 1파인트

★
☑ **status quo** 명 현상, 현상 유지
[stéitəs kwóu]
▮ maintain the status quo 현상을 유지하다

★★
☑ **caricature** 명 풍자 만화
[kǽrikətʃùər]

★
☑ **plumber** 명 배관공
[plʌ́mər]
▮ graduate as a plumber 배관공의 자격을 얻다

★
☑ **tomboy** 명 말괄량이
[támbɔ̀i]

★★★

☑ **comrade**
[kámræd]

명 동지, 단원

★

☑ **drudgery**
[drʌ́dʒəri]

명 천역, 고역

★

☑ **graffiti**
[grəfíːti]

명 낙서

┃ clean the graffiti off the wall 벽의 낙서를 지우다

★

☑ **enzyme**
[énzaim]

명 효소

┃ digestive enzyme 소화 효소

★★

☑ **humiliation**
[hjuːmìliéiʃən]

명 굴욕

★

☑ **kickback**
[kíkbæ̀k]

명 강한 반동, 상납, 정치 헌금

┃ get a kickback 상납을 받다

★★

☑ **stigma**
[stígmə]

명 오명, 반점, 낙인

┃ the stigma of treachery 배반자의 오명

☐ **orchid** ⭐
[ɔ́ːrkid]
몡 난초
┃ a wild orchid 야생란

☐ **forerunner** ⭐⭐
[fɔ́ːrrʌ̀nər]
몡 선구자, 선인

☐ **asterisk** ⭐
[ǽstərìsk]
몡 별표
┃ mark with an asterisk 별표를 하다

☐ **elastic** ⭐⭐
[ilǽstik]
몡 고무 끈, 고무줄

☐ **veterinarian** ⭐
[vètərənɛ́əriən]
몡 수의사

☐ **remorse** ⭐⭐
[rimɔ́ːrs]
몡 후회, 양심의 가책
┃ in deep remorse 깊이 후회하여

☐ **commonplace** ⭐⭐⭐
[kámənplèis]
몡 뻔한 말, 흔한 것
┃ degenerate into commonplace 평범한 일이 되어 버리다

★
☑ **stratification**　　명 계층
[stræ̀təfikéiʃən]

★
☑ **quarantine**　　명 검역 (격리)
[kwɔ́:rəntì:n]
┃ a quarantine officer 검역관

★★
☑ **fortnight**　　명 2주일
[fɔ́:rtnàit]
┃ Monday fortnight 2주일 후[전]의 월요일

★
☑ **scapegoat**　　명 희생양, 속죄 염소
[skéipgòut]

★
☑ **braille**　　명 점자
[bréil]
┃ transcribe a book into Braille 책을 점자로 번역하다

★★
☑ **stereotype**　　명 정형, 전형, 고정 관념
[stériətàip]
┃ the ethnic stereotype 민족 고유의 고정 관념

★★
☑ **rendezvous**　　명 회합 약속, 회합 장소
[rá:ndəvù:]

★★★
☑ **barrel**　　　　　　　명 통, 한 통
[bǽrəl]

｜ scoop water out of a barrel 통에서 물을 퍼내다

★★
☑ **alteration**　　　　　　명 변경, 개조
[ɔ̀:ltəréiʃən]

｜ make an alteration to a building 건물을 개축하다

★
☑ **charisma**　　　　　　명 카리스마
[kərízmə]

★
☑ **rationale**　　　　　　명 근본적 이유, 이론적 설명
[ræ̀ʃənǽl]

★★★
☑ **nitrogen**　　　　　　명 질소
[náitrədʒən]

｜ atmospheric nitrogen 공중에 있는 질소

★
☑ **voucher**　　　　　　명 쿠폰, 상품권, 보증인
[váutʃər]

｜ a sales voucher 상품 인환권

★
☑ **euphemism**　　　　　명 완곡 어법
[júːfəmìzm]

★★★
☑ **stool**
[stú:l]
⠀⠀⠀⠀⠀⠀⠀명 등이 없는 걸상, 1인용 높은 걸상

★★
☑ **staple**
[stéipl]
⠀⠀⠀⠀⠀⠀⠀명 주요 산물, 기본 식품

★★★
☑ **basin**
[béisn]
⠀⠀⠀⠀⠀⠀⠀명 대야, 웅덩이, (하천의) 유역

⠀the Thames basin 템스 강 유역

★
☑ **surrogate**
[sə́:rəgèit]
⠀⠀⠀⠀⠀⠀⠀명 대리, 대행자

⠀a surrogate mother 대리모

★
☑ **hearing aid**
[híəriŋ èid]
⠀⠀⠀⠀⠀⠀⠀명 보청기

⠀wear a hearing aid 보청기를 끼다

★★★
☑ **apparatus**
[æpərǽtəs]
⠀⠀⠀⠀⠀⠀⠀명 기구, 용구

⠀a chemical apparatus 화학 기구

★★★
☑ **creek**
[krí:k]
⠀⠀⠀⠀⠀⠀⠀명 작은 내

☆
☐ **walkout**　　　　　　　　명 항의 퇴장, 동맹 파업
[wɔ́:kàut]
┃ a general walkout 총퇴장

☆
☐ **connotation**　　　　　　명 언외의 의미, 함축
[kànətéiʃən]

☆☆
☐ **cliché**　　　　　　　　명 진부한 표현, 판에 박힌 문구
[kli:ʃéi]

☆
☐ **debris**　　　　　　　　명 파편, 잔해
[dəbríː]
┃ debris surge 파편 폭풍 (주로 빌딩이 무너지면서 생기는)

☆☆☆
☐ **stump**　　　　　　　　명 그루터기
[stʌ́mp]

☆☆
☐ **apprentice**　　　　　　명 도제, 실습생, 초심자
[əpréntis]
┃ an apprentices' school 도제 학교

☆☆☆
☐ **harness**　　　　　　　명 (마차 끄는 말의) 마구
[háːrnis]
┃ a double harness 쌍두마차의 마구

***
☑ **crest**
[krést]

명 (산의) 정상, (새의) 볏

❚ the crest of a mountain 산꼭대기

*
☑ **face-lift**
[féislìft]

명 주름 펴는 성형수술, 외부 개장

*
☑ **mothball**
[mɔ́:θbɔ̀:l]

명 알로 된 좀약

**
☑ **prank**
[præ̀ŋk]

명 농담, 장난

❚ a harmless prank 악의 없는 농담

*
☑ **invertebrate**
[invə́:rtəbrət]

명 무척추동물, 줏대 없는 사람

*
☑ **nepotism**
[népətìzm]

명 친척 등용, 족벌주의

❚ a nepotist 족벌주의자

**
☑ **pretext**
[prí:tèkst]

명 구실, 핑계

❚ under the pretext of charity 자선이란 이름 아래

□ **slapstick** ★
[slǽpstìk]
명 광대극, 익살극

□ **residue** ★
[rézədjùː]
명 잔여, 나머지
❙ the residue of one's property 나머지 재산

□ **chronicle** ★★
[kránikl]
명 연대기, 기록
❙ the Anglo-Saxon Chronicle 앵글로 색슨 연대기

□ **catalysis** ★
[kətǽləsis]
명 촉매 현상

□ **eyesore** ★
[áisɔ̀ːr]
명 눈꼴신 것
❙ be a common eyesore 뭇사람의 눈총을 받다

□ **afterthought** ★
[ǽftərθɔ̀ːt]
명 뒷 궁리, 뒤늦은 생각

□ **respite** ★
[réspit]
명 일시적 중단, 유예, 연기
❙ a respite for payment 지불 유예

★★
◪ **facade** [명] 정면, 앞면, 외관
[fəsɑ́:d]
▮ the facade of a building 건물의 정면

★
◪ **hyperbole** [명] 과장(법)
[haipə́:rbəli]

★★
◪ **dynamo** [명] 발전기, 정력가
[dáinəmòu]
▮ a direct current dynamo 직류 발전기

★★
◪ **surmise** [명] 추량, 예측
[sərmáiz]

★
◪ **elbowroom** [명] 여유, 충분한 활동 범위
[élbourù:m]

★
◪ **watershed** [명] 중대한 분기점
[wɔ́:tərʃèd]
▮ one of history's great watersheds 역사상의 중대한 분기점의 하나

★
◪ **pep talk** [명] 격려 연설
[pép tɔ̀:k]
▮ give a pep talk 격려 연설을 하다

★
☑ **aftermath** 명 여파, 결과
[ǽftərmæ̀θ]
▌ the aftermath of the war 전쟁의 여파

★★★
☑ **blot** 명 얼룩, 흠, 오점
[blát]
▌ an ink blot 잉크 얼룩

★
☑ **circumlocution** 명 완곡한 표현
[sə̀:rkəmloukjú:ʃən]

★
☑ **tearjerker** 명 눈물을 흘리게 하는 것
[tíərdʒə̀:rkər]

★★
☑ **apprehension** 명 우려, 염려
[æ̀prihénʃən]
▌ be overcome with apprehensions 불안에 사로잡히다

★
☑ **brainchild** 명 두뇌의 소산, 생각, 창조물
[bréintʃàild]

★
☑ **pseudonym** 명 필명, 아호, 익명
[sjú:dənìm]
▌ under a pseudonym 필명으로

★★
☑ **stenography**
[stənágrəfi]
명 속기, 속기법

★
☑ **clemency**
[klémənsi]
명 온정적인 조치, 관용

▌ plead for clemency 너그러운 처분을 바라다

★
☑ **infrared rays**
[ìnfrəréd reiz]
명 적외선

★
☑ **clique**
[klíːk]
명 도당, 파벌

▌ form a clique 파벌을 만들다

★
☑ **heyday**
[héidèi]
명 전성기

▌ the heyday of the silent movies 무성 영화의 전성기

★
☑ **stethoscope**
[stéθəskòup]
명 청진기

★★
☑ **briefing**
[bríːfiŋ]
명 상황 설명, 간결한 보고

▌ give a briefing 브리핑을 하다

***

☑ **abode**   명 주거, 거주, 체류
[əbóud]

❙ take up one's abode 거처를 정하다

**

☑ **pulley**   명 활차, 도르래
[púli]

**

☑ **aversion**   명 혐오
[əvə́ːrʒən]

❙ one's pet aversion 아주 질색하는 것

*

☑ **fauna**   명 (한 지역 또는 한 시대의) 동물상
[fɔ́ːnə]

❙ marine fauna 해양 동물상

*

☑ **raison d'être**   명 존재 이유
[réizoun détrə]

**

☑ **guesswork**   명 추측, 짐작
[géswə̀ːrk]

**

☑ **loophole**   명 도망갈 길, 허점
[lúːphòul]

❙ a loophole in the law 법의 허점

★
◪ **stopgap** [명] 구멍 마개, 임시 변통
[stάpgæ̀p]
▌adopt a stopgap policy 미봉책을 쓰다

★
◪ **gimmick** [명] 궁리, 장치, 수법
[gímik]

★★★
◪ **oath** [명] 서약, 다짐
[óuθ]
▌administer an oath 선서시키다

★
◪ **bequest** [명] 유증, 유산, 유품
[bikwést]

★
◪ **disparity** [명] 차, 차이
[dispǽrəti]
▌disparity in character 성격의 차이

★★
◪ **radius** [명] 반지름, 반경, 반경 범위
[réidiəs]
▌within a 5-mile radius 반경 5마일 이내에

★
◪ **figment** [명] 상상의 산물, 꾸며낸 것
[fígmənt]

☑ **discrepancy**
[diskrépənsi]
명 모순, 불일치

┃ discrepancy in opinions 견해의 차이

☑ **casket**
[kǽskit]
명 (귀중품 등을 넣는) 작은 상자

┃ enclose a jewel in a casket 보석을 작은 상자에 넣다

☑ **enmity**
[énməti]
명 적의, 적개심, 악의

☑ **hothead**
[háthèd]
명 성급한 사람

☑ **setback**
[sétbæk]
명 좌절, 역행, 퇴보

☑ **homage**
[hámidʒ]
명 경의, 존경

┃ liege homage 신하로서의 충성

☑ **connoisseur**
[kànəsə́:r]
명 전문가, 감정가

┃ have a connoisseur eye 안식이 높다

★
☑ **showdown**　　　　　명 최후의 대결, 결판
[ʃóudàun]
┃ take a showdown vote 결선 투표를 하다

★
☑ **constriction**　　　명 압축, 바싹 죄어지는 듯한 느낌
[kənstríkʃən]
┃ a constriction in the chest 가슴이 죄이는 느낌

★
☑ **paucity**　　　　　　명 소량, 부족, 결핍
[pɔ́:səti]

★
☑ **adulation**　　　　　명 아첨, 추종
[æ̀dʒəléiʃən]

★
☑ **propensity**　　　　명 버릇, 성향, 기호
[prəpénsəti]
┃ the propensity to consume 소비 성향

★★
☑ **prodigy**　　　　　　명 천재, 비범
[prádədʒi]
┃ an infant prodigy 신동

★
☑ **biceps**　　　　　　　명 이두박근
[báiseps]

★
◪ **innuendo** [명] 빈정대는 말, 암시
[ìnjuéndou]

★
◪ **syllogism** [명] 삼단논법
[síləd3ìzm]
▮ reason by syllogism 삼단논법으로 논하다

★
◪ **penchant** [명] 경향, 강한 기호
[péntʃənt]
▮ have a penchant for sports 스포츠를 매우 좋아하다

★
◪ **alacrity** [명] 민첩
[əlǽkrəti]

★★★
◪ **plank** [명] 널빤지
[plǽŋk]
▮ lay a plank across a ditch 도랑에 널빤지를 걸치다

★★
◪ **adversity** [명] 역경, 불운, 불행
[ædvə́ːrsəti]
▮ bear up under an adversity 역경에 굴하지 않다

★
◪ **catharsis** [명] 정화, 카타르시스
[kəθɑ́ːrsis]

★★
☑ **conformity**
[kənfɔ́ːrməti]
몡 유사, 적합, 준거

▌in conformity with the rules 규정에 준거하여

★
☑ **fiasco**
[fiǽskou]
몡 대실패, 큰 실수

★
☑ **duress**
[djuərés]
몡 구속, 감금, 강요

★
☑ **mettle**
[métl]
몡 용기, 기개, 성미, 기질

▌a man of mettle 기개가 있는 사람

★★
☑ **deference**
[défərəns]
몡 복종, 경의

▌blind deference 맹종

★
☑ **quagmire**
[kwǽgmàiər]
몡 수렁, 곤경, 궁지

▌a quagmire of debt 빚의 수렁

★★★
☑ **clatter**
[klǽtər]
몡 달가닥달가닥하는 소리

★
☑ **attrition**　　　　　　　　명 마찰, 마멸, 감소
[ətríʃən]
┃ a war of attrition 소모전

★
☑ **milieu**　　　　　　　　명 주위, 환경
[miljú]
┃ milieu therapy (생활 환경을 바꾸는) 환경 요법

★★
☑ **impediment**　　　　　　명 장애, 방해, 신체 장애
[impédəmənt]
┃ a speech impediment 언어 장애

★
☑ **au pair**　　　　　　　　명 가사를 도우며 체재하는 유학생
[ou péər]

★★
☑ **gadget**　　　　　　　　명 간단한 기계 장치, 묘안, 궁리
[gǽdʒit]

★★
☑ **gamut**　　　　　　　　명 전역, 전 범위
[gǽmət]

★
☑ **riposte**　　　　　　　　명 재치있는 즉답, 반격, 반론
[ripóust]
┃ a clever riposte 명쾌한 반격

★
◪ **runner-up** [명] 차점자, 입상자
[rʌ́nərʌ́p]

★★
◪ **avarice** [명] 탐욕
[ǽvəris]
▮ be blind with avarice 탐욕에 눈이 멀다

★
◪ **platitude** [명] 평범한 말, 상투어
[plǽtətjùːd]

★
◪ **hiatus** [명] 틈, 균열, 중단
[haiéitəs]
▮ hiatus at the bottom of the sea 해저의 갈라진 틈

★
◪ **crux** [명] 가장 중요한 점, 요점
[krʌks]
▮ the crux of a problem 문제의 중심

★
◪ **ramification** [명] 가지, 분지, 나뭇가지
[ræ̀məfikéiʃən]

★★
◪ **odds** [명] 가능성, 가망, 확률
[ɑdz]
▮ The odds are fifty-fifty. 승산은 반반이다.

★★★
☑ **brow** 몡 이마, 눈썹
[bráu]

★★
☑ **gist** 몡 요점
[dʒist]
▌ the gist of a story 이야기의 요점

★
☑ **subterfuge** 몡 구실, 핑계, 속임
[sʌ́btərfjùːdʒ]
▌ be good at subterfuge 발뺌을 잘하다

★★
☑ **cadence** 몡 어조, 억양, 운율
[kéidns]

★
☑ **alias** 몡 별명, 가명
[éiliəs]
▌ go by the alias of James 제임스라는 가명으로 통하다

★
☑ **gusto** 몡 즐김, 기품, 맛있음
[gʌ́stou]
▌ dance with gusto 멋지게 춤추다

★★
☑ **viscount** 몡 자작(子爵)
[váikàunt]

★
hoax
[hóuks]
명 사람을 골탕 먹이는 일

┃ perpetrate a hoax 심한 장난을 하다

★★★
lapse
[læps]
명 실수, 과실, (시간의) 경과

┃ a lapse of memory 잘못된 기억

★
rapport
[ræpɔ́:r]
명 (조화적인) 관계

★
alimony
[ǽləmòuni]
명 위자료

★
niche
[nítʃ]
명 적합한 일, 적소, 틈새 시장

┃ niche industry 틈새 산업

★★
dearth
[dɔ́:rθ]
명 부족, 결핍

★★
vicissitude
[visísətjù:d]
명 변화, 변천

┃ a life full of vicissitude 파란만장한 생애

★
☑ **panacea**   몡 만병통치약
[pæ̀nəsíːə]

★★
☑ **candor**   몡 공평무사, 솔직, 정직
[kǽndər]
┃ with candor 공정하게

★
☑ **altruism**   몡 이타주의
[ǽltruːìzm]

★
☑ **remuneration**   몡 보수, 보상
[rimjùːnəréiʃən]
┃ remuneration for one's service 근로에 대한 보수

★★
☑ **canopy**   몡 천개(天蓋), 닫집, 차양
[kǽnəpi]

★
☑ **repercussion**   몡 영향, 반향
[rìːpərkʌ́ʃən]
┃ spark repercussion (사건의 영향 등이) 번지다

★★
☑ **deadlock**   몡 막다른 골목, 교착 상태
[dédlὰk]
┃ end in deadlock 교착 상태에서 끝나다

New
Toeic
Vocabulary

02 토익 고득점을
위해 꼭 알아야
할 동사

★★★
☑ **bloom**
[blúːm]
동 (꽃 등이) 피다

★★★
☑ **irritate**
[írəteit]
동 화나게 하다, 초조하게 하다
❚ irritate nerves 신경을 건드리다

★★★
☑ **pile**
[páil]
동 쌓아 올리다
❚ pile up money 돈을 축적하다

★★★
☑ **sweep**
[swíːp]
동 청소하다, (먼지 등을) 털다

★★★
☑ **undergo**
[ʌndərgóu]
동 받다, 당하다, 경험하다
❚ undergo changes 여러 가지 변화를 겪다

★★★
☑ **weep**
[wíːp]
동 눈물을 흘리다, 한탄하다

★★★
☑ **acquire**
[əkwáiər]
동 취득하다, 얻다, 배우다
❚ acquire a priority 우선권을 얻다

★★★
☑ **cheat**
[tʃíːt]
동 속이다, 부정을 저지르다

★★★
☑ **adjust**
[ədʒʌ́st]
동 조절하다, 바로잡다

▌ adjust a radio 라디오를 맞추다

★★★
☑ **head**
[héd]
동 향하다, 나아가다

▌ head for one's destination 목적지를 향해 나아가다

★★★
☑ **differ**
[dífər]
동 다르다, 틀리다

▌ differ from the sample 견본과 다르다

★★★
☑ **hesitate**
[hézətèit]
동 주저하다, 망설이다

▌ hesitate to buy 살까 말까 망설이다

★
☑ **dry-clean**
[dráiklíːn]
동 드라이클리닝하다

★★★
☑ **insult**
[insʌ́lt]
동 모욕하다, 욕보이다

★★★
◪ **decline** [동] 하락하다, 거절하다
[dikláin]
▌decline in price 시세가 내리다

★★★
◪ **enclose** [동] 동봉하다, 에워싸다
[inklóuz]
▌enclose a check with a letter 편지에 수표를 동봉하다

★★★
◪ **dye** [동] 염색하다, 물들이다
[dai]

★★★
◪ **fulfill** [동] 완수하다, 실행하다
[fulfíl]
▌fulfill the norm 규정량을 완수하다

★★★
◪ **justify** [동] 옳다고 하다, 정당화하다
[dʒʌ́stəfài]
▌cannot be justified 대의명분이 서지 않다

★★★
◪ **vow** [동] 맹세하다, 서약하다
[vau]

★★★
◪ **illustrate** [동] 설명하다, 예증하다
[íləstrèit]

★★★
☑ interfere
[ìntərfíər]
    (동) **방해하다, 간섭하다**

  ┃ interfere in another's life 남의 생활에 간섭하다

★★★
☑ stress
[strés]
    (동) **강조하다**

★★★
☑ identify
[aidéntəfai]
    (동) **확인하다, 식별하다**

  ┃ identify handwriting 필적을 감정하다

★★★
☑ attach
[ətǽtʃ]
    (동) **붙이다, 달다, 소속시키다**

  ┃ attach a name tag 이름표를 달다

★★★
☑ wipe
[wáip]
    (동) **씻다, 닦다**

★★
☑ depress
[diprés]
    (동) **낙담시키다, 우울하게 하다**

  ┃ depress the morale 사기를 꺾다

★★★
☑ illuminate
[ilú:mənèit]
    (동) **밝게 하다, 계몽하다**

★★★
☑ **crush**   동 눌러 부수다, 뭉개다
[krʌʃ]

▌ crush a hat flat 모자를 찌그러뜨리다

★★★
☑ **heal**   동 고치다, 낫게 하다
[hi:l]

★★★
☑ **imitate**   동 모방하다, 흉내내다
[ímətèit]

▌ imitate an author's style 어떤 작가의 스타일을 모방하다

★★★
☑ **grasp**   동 파악하다, 붙잡다
[græsp]

▌ grasp the situation 사태를 파악하다

★★★
☑ **confirm**   동 확인하다, 확증하다
[kənfɔ́:rm]

★★
☑ **smash**   동 때려 부수다, 깨뜨리다
[smǽʃ]

▌ smash resistance 저항을 타파하다

★★★
☑ **bother**   동 괴롭히다, 귀찮게 하다
[bɑ́ðər]

★★★
☑ **pursue**
[pərsjúː]

⑤ 추적[추격]하다, 추구하다

┃ pursue pleasure 쾌락을 추구하다

★
☑ **gift-wrap**
[ɡíftræp]

⑤ 선물용으로 포장하다

★★★
☑ **clash**
[klǽʃ]

⑤ 충돌하다, 부딪치다

★★★
☑ **amuse**
[əmjúːz]

⑤ 재미있게 하다, 웃기다

┃ amuse a baby with a toy 장난감으로 아이를 재미있게 하다

★★
☑ **discipline**
[dísəplin]

⑤ 훈련하다, 질서를 지키게 하다

┃ discipline one's mind 정신수양을 하다

★★★
☑ **chop**
[tʃáp]

⑤ 자르다, 잘게 썰다

┃ chop firewood 장작을 패다

★★★
☑ **glance**
[ɡlǽns]

⑤ 힐끗(대충) 보다

✓ **detect** ★★★
[ditékt]
동 발견하다, 간파하다

▮ detect crimes 죄를 잡아내다

✓ **discontinue** ★★
[dìskəntínjuː]
동 그만두다, 중지[중단]하다

▮ discontinue a suit 소송을 취하하다

✓ **arise** ★★★
[əráiz]
동 일어나다, 발생하다

✓ **resolve** ★★★
[rizálv]
동 결심[결정]하다, 해결하다

▮ resolve doubts 의문을 해소하다

✓ **highlight** ★★
[háilàit]
동 돋보이게 하다, 강조하다

▮ highlight his good point 그의 장점을 강조하다

✓ **betray** ★★★
[bitréi]
동 배반하다, 저버리다

✓ **assume** ★★★
[əsjúːm]
동 추정[추측]하다, (역할 등을) 맡다

★★★
utter [ʌ́tər]
[동] (소리 · 신음 등을) 내다, 발언하다
utter a sigh 한숨을 쉬다

★★★
classify [klǽsəfài]
[동] 분류하다, 등급으로 나누다

★★★
reveal [rivíːl]
[동] 드러내다, 밝히다
reveal a secret 비밀을 폭로하다

★★★
measure [méʒər]
[동] 재다, 측정하다
measure the distance 거리를 측정하다

★
publicize [pʌ́bləsaiz]
[동] 공표하다, 광고하다

★★★
register [rédʒistər]
[동] 등록하다, 등기로 부치다
register one's marriage 혼인 신고를 하다

★★
displace [displéis]
[동] 강제 추방하다, 해임하다

★★
clarify
[klǽrəfai]
동 (의미 등을) 명백하게 하다

Ⅰ clarify the cause 원인을 분명히 하다

★★★
emphasize
[émfəsàiz]
동 강조하다, 역설하다

★★
signify
[sígnəfài]
동 의미하다, 나타내다, 알리다

Ⅰ signify one's approval with a nod 끄덕여 승인을 나타내다

★★★
deprive
[dipráiv]
동 빼앗다, 박탈하다

Ⅰ deprive of his right 권리를 박탈하다

★★★
endure
[indʒúər]
동 지탱하다, 견디다, 인내하다

Ⅰ endure the intense cold 혹한을 견디다

★★
underestimate
[ʌndəréstəmèit]
동 과소평가하다, 경시하다

★
familiarize
[fəmíljəràiz]
동 익숙하게 하다, 보급시키다

★★★
☑ **extinguish**
[ikstíŋgwiʃ]

(동) 끄다, 진화하다

❙ extinguish a candle 촛불을 끄다

★★★
☑ **blush**
[blʌʃ]

(동) 얼굴을 붉히다, 빨개지다

❙ blush scarlet (부끄러워) 홍당무가 되다

★★★
☑ **chatter**
[tʃǽtər]

(동) 재잘거리다

❙ chatter like a sparrow 참새처럼 재잘거리다

★★
☑ **despise**
[dispáiz]

(동) 경멸하다, 혐오하다

★★
☑ **glue**
[glúː]

(동) 접착제로 붙이다, 풀을 바르다

❙ glue a label on a package 소포에 꼬리표를 붙이다

★★★
☑ **flutter**
[flʌ́tər]

(동) 펄럭이다, 퍼덕거리며 날다

★★★
☑ **kneel**
[níːl]

(동) 무릎 꿇다, 무릎을 구부리다

★

◪ **relocate** [동] 다시 배치하다, 이전시키다

[rìːloukéit]

★★★

◪ **cease** [동] 그치다, 멎다, 끝나다

[síːs]

▮ Cease fire! 사격 중지!

★★★

◪ **emerge** [동] 나오다, 나타나다

[iməːrdʒ]

▮ The train emerged from a tunnel. 기차가 터널에서 나왔다.

★★

◪ **grill** [동] 석쇠로 굽다

[gríl]

★★★

◪ **foresee** [동] 예견하다, 내다보다

[fɔːrsíː]

▮ foresee the future 장래의 일을 예견하다

★★★

◪ **vanish** [동] 사라지다, 보이지 않게 되다

[vǽniʃ]

▮ vanish into thin air 자취도 없이 사라지다

★★★

◪ **chew** [동] 씹다

[tʃúː]

★★★
☑ **inspire**
[inspáiər]

동 고무하다, 고취하다

❙ inspire to further efforts 더 노력하도록 격려하다

★
☑ **remodel**
[rì:mádl]

동 개조하다, 개작하다

★★★
☑ **drift**
[dríft]

동 표류하다, 무작정 나아가다

❙ drift with the current 물이 흐르는 대로 떠돌다

★★★
☑ **dash**
[dǽʃ]

동 돌진하다, 충돌하다

★★★
☑ **mingle**
[míŋgl]

동 섞다, 혼합하다

❙ mingle wine and soda 술에 소다를 섞다

★★★
☑ **shiver**
[ʃívər]

동 (후들후들) 떨다, 추위로 떨다

★★★
☑ **conceal**
[kənsí:l]

동 숨기다, 감추다

❙ conceal one's error 잘못을 숨기다

★★
◪ **fumble** [동] 더듬어 찾다
[fʌ́mbl]

★★★
◪ **inspect** [동] 면밀하게 살피다, 검사하다
[inspékt]
▌inspect the government 국정 감사를 실시하다

★★
◪ **minimize** [동] 최소로 하다, 극소화하다
[mínəmàiz]

★★★
◪ **shrink** [동] 오그라들다, 줄어들다
[ʃríŋk]
▌shrink with fear 무서워서 몸을 움츠리다

★★★
◪ **fade** [동] 바래다, 시들다, 사라지다
[feid]
▌The tulips have faded. 튤립이 시들었다.

★★★
◪ **vary** [동] 바꾸다, 다양하게 하다
[vέəri]
▌vary one's meals 식사에 변화를 주다

★★
◪ **mislead** [동] 오도하다, 잘못 인도하다
[mislíːd]

★★★
☑ **faint** 　　　　　　(동) 졸도하다, 기절하다
[féint]
▎ faint with hunger 굶주려서 실신하다

★★★
☑ **flatter** 　　　　　　(동) 아첨하다, 추켜세우다
[flǽtər]
▎ flatter the powerful 권력자에게 아첨하다

★★★
☑ **assure** 　　　　　　(동) 보증하다, 납득하다, 확신하다
[əʃúər]

★★
☑ **withstand** 　　　　(동) 저항하다, 버티다
[wiθstǽnd]
▎ withstand temptation 유혹에 저항하다

★
☑ **sunbathe** 　　　　(동) 일광욕하다
[sʌ́nbèið]

★★★
☑ **assign** 　　　　　　(동) 할당하다, 배당하다
[əsáin]
▎ assign work to each man 각자에게 작업을 할당하다

★
☑ **misplace** 　　　　　(동) 잘못 두다, 둔 곳을 잊다
[mispléis]

★★★
☑ **sigh**
[sái]
동 한숨 쉬다, 탄식하다

‖ sigh for grief 탄식하다

★★★
☑ **capture**
[kǽptʃər]
동 붙잡다, 포획하다

‖ capture a thief 도둑을 붙잡다

★★
☑ **hose**
[houz]
동 호스로 물을 뿌리다

★★★
☑ **inherit**
[inhérit]
동 상속하다, 물려받다

‖ inherit the family business 가업을 물려받다

★★★
☑ **sparkle**
[spáːrkl]
동 불꽃을 튀기다, 번쩍이다

★★★
☑ **strip**
[stríp]
동 (껍질 등을) 벗기다, 빼앗다

‖ strip the bark from a tree 나무의 껍질을 벗기다

★★★
☑ **reckon**
[rékən]
동 생각하다, 계산하다

★★
◪ **enhance** [동] 높이다, 강화하다
[inhǽns]
▌enhance mutual friendship 상호 친목을 증진시키다

★★★
◪ **assemble** [동] 모이다, 집합하다
[əsémbl]
▌assemble a committee 위원회를 소집하다

★★
◪ **infringe** [동] 어기다, 위반하다
[infríndʒ]

★★★
◪ **crawl** [동] 기다, 포복하다, 서행하다
[krɔ́:l]
▌crawl into a hole 구멍으로 기어들어가다

★★★
◪ **heave** [동] 들어올리다, 불룩하게 하다
[hi:v]

★★
◪ **mutilate** [동] (손발 등을) 절단하다
[mjú:təlèit]

★★★
◪ **exhaust** [동] 다 써버리다, 고갈시키다
[igzɔ́:st]
▌exhaust a cask of liquor 술통을 비우다

★★★
◪ **restore** [동] 복구하다, 재건하다
[ristɔ́ːr]
▌restore one's makeup 화장을 고치다

★★★
◪ **rouse** [동] 깨우다, 눈뜨게 하다
[ráuz]

★★
◪ **trot** [동] 빠른 걸음으로 가다, 바쁘게 걷다
[trát]

★★★
◪ **prolong** [동] 늘이다, 길게 하다
[prəlɔ́ːŋ]
▌prolong one's stay abroad 외국 체류 기간을 연장하다

★★★
◪ **cherish** [동] 소중히 하다, 귀여워하다
[tʃériʃ]
▌cherish tradition 전통을 소중히 하다

★
◪ **transpose** [동] (위치, 순서를) 바꾸어 놓다
[trænspóuz]

★★★
◪ **exaggerate** [동] 침소봉대하여 말하다, 과장하다
[igzǽdʒərèit]
▌exaggerate one's trouble 자신의 고민을 과장해서 말하다

★★★
anticipate [동] 예견하다, 예상하다
[æntísəpèit]
▌anticipate a good vacation 멋진 휴가를 예상하다

★★★
strive [동] 노력하다, 분투하다
[stráiv]
▌strive for fame 명성을 얻으려고 애쓰다

★★
rinse [동] 헹구어 내다, 씻어 내다
[ríns]

★★
dominate [동] 지배(위압)하다, 억누르다
[dάmənèit]
▌dominate the world 세계를 지배하다

★★★
hurl [동] 세게 내던지다
[hə́ːrl]

★
demolish [동] 헐다, 파괴하다, 폐지하다
[dimάliʃ]
▌demolish a building 건물을 헐다

★★★
plaster [동] 회반죽을 바르다, 빈틈없이 칠하다
[plǽstər]

★★
☑ **facilitate**
[fəsílətèit]
동 용이하게 하다, 촉진하다

▍ facilitate the understanding 이해하기 쉽게 하다

★★★
☑ **entitle**
[intáitl]
동 칭호를 주다, 권리를 주다

★★★
☑ **glide**
[gláid]
동 미끄러지다, 미끄러지듯 움직이다

★★★
☑ **precede**
[prisí:d]
동 앞서다, 먼저 일어나다

▍ Lightning precedes thunder. 뇌성이 나기 전에 번개가 번쩍인다.

★★★
☑ **notify**
[nóutəfài]
동 통지[통보]하다, 신고하다

▍ notify the police 경찰에 신고하다

★★★
☑ **decay**
[dikéi]
동 썩다, 부패하다

★★★
☑ **constitute**
[kánstətʃù:t]
동 구성하다, 구성 요소가 되다

▍ constitute a crime 범죄를 구성하다

★★★
☑ **nourish**
[nə́:riʃ]
⟨동⟩ 기르다, 자양분을 주다

★★★
☑ **restrain**
[ristréin]
⟨동⟩ 억제하다, 누르다

▌ restrain one's temper 감정을 누르다

★★★
☑ **roar**
[rɔ́:r]
⟨동⟩ 으르렁거리다, 울부짖다

★★
☑ **concede**
[kənsíːd]
⟨동⟩ 인정하다, 양보하다

▌ concede an election defeat 선거의 패배를 인정하다

★★★
☑ **linger**
[líŋgər]
⟨동⟩ 꾸물거리다, 좀처럼 사라지지 않다

★★
☑ **divert**
[divə́:rt, dai-]
⟨동⟩ 전환하다, 딴 데로 돌리다

▌ divert funds 기금을 유용하다

★★★
☑ **ascend**
[əsénd]
⟨동⟩ (위로) 오르다, 올라가다

▌ ascend the stairs 계단을 올라가다

★
◪ **tilt** [동] 포장을 씌우다
[tílt]

★★★
◪ **halt** [동] 멈추다, 서다, 정지하다
[hɔ́:lt]
▌halt a taxi 택시를 세우다

★★★
◪ **beware** [동] 조심하다, 경계하다
[biwɛ́ər]

★
◪ **con** [동] 속이다, 속여서 빼앗다
[kɑ́n]

★★★
◪ **roam** [동] 돌아다니다, 배회하다
[róum]
▌roam from place to place 이곳저곳을 배회하다

★★
◪ **confer** [동] 수여하다, 주다, 의논하다
[kənfə́:r]
▌confer a degree 학위를 주다

★★★
◪ **forsake** [동] (친구 등을) 저버리다, 버리다
[fərséik]
▌forsake one's faith 믿음을 저버리다

***
☑ **glow**
[glóu]

동 시뻘겋게 되다, 빛을 내다

***
☑ **wade**
[weid]

동 걸어서 건너다, 고생하며 나아가다

▌ wade across a stream 내를 걸어서 건너다

**
☑ **dispense**
[dispéns]

동 분배하다, (법을) 시행하다

▌ dispense justice 법을 시행하다

***
☑ **traverse**
[trǽvəːrs]

동 가로지르다, 건너다

*
☑ **spearhead**
[spíərhèd]

동 선두에 서다, 앞장서다

***
☑ **daze**
[déiz]

동 멍하게 하다, 눈부시게 하다

▌ be dazed by liquor 술에 취하다

**
☑ **litter**
[lítər]

동 어질러 놓다, 흩뜨리다

▌ litter a room with toys 장난감으로 방을 어지르다

★
floss
[flɔ́:s]
[동] 치실을 사용해 깨끗이 하다

★★★
gaze
[géiz]
[동] 뚫어지게 보다, 응시하다
- gaze up at the stars 별을 쳐다보다

★
reheat
[rì:hí:t]
[동] 다시 가열하다

★★
scan
[skǽn]
[동] 자세히 조사하다, 대충 훑어보다
- scan a newspaper 신문을 대충 훑어보다

★★★
entreat
[intrí:t]
[동] 간청[탄원]하다
- entreat a person for mercy ~에게 자비를 애원하다

★★★
grind
[gráind]
[동] 찧다, 갈아 가루로 만들다

★★★
jerk
[dʒə́:rk]
[동] 갑자기 움직이다[당기다, 밀치다]
- jerk a door open 문을 와락 열다

★
☑ **waive**
[wéiv]
동 포기[철회]하다, 보류하다

❙ waive an option 선택권을 포기하다

★★
☑ **denote**
[dinóut]
동 표시하다, 나타내다

★★★
☑ **doom**
[dú:m]
동 운명 짓다, 운명을 정하다

★★★
☑ **endow**
[indáu]
동 재산을 증여하다, 기부하다

❙ endow a scholarship 장학금을 기부하다

★★★
☑ **err**
[ə́:r, ɛ́ər]
동 잘못하다, 틀리다

❙ err from the truth 진리를 잘못 알다

★
☑ **proscribe**
[prouskráib]
동 금지하다, 배척하다

❙ proscribe smoking 끽연을 금하다

★★
☑ **zoom**
[zú:m]
동 질주하다, 확대[축소]시키다

★★★
◪ **gratify** [동] 만족시키다, 기쁘게 하다
[grǽtəfài]
▌gratify one's curiosity 호기심을 채워주다

★★★
◪ **scrub** [동] 북북 문지르다, 비벼 빨다
[skrʌ́b]

★★
◪ **infer** [동] 추론하다, 추측하다
[infə́ːr]
▌infer a conclusion 결론을 추리하다

★★★
◪ **foam** [동] 거품투성이가 되다
[fóum]

★★★
◪ **adhere** [동] 충실하다, 고집하다
[ædhíər]
▌adhere to a creed 주의를 신봉하다

★★
◪ **snore** [동] 코를 골다
[snɔ́ːr]

★★★
◪ **contrive** [동] 고안하다, 연구하다, 꾸미다
[kəntráiv]
▌contrive to kill him 그의 살해를 꾀하다

★★
☑ **fiddle**
[fídl]

동 손장난하다, 만지작거리다

❙ fiddle with a knife 칼을 만지작거리다

★★★
☑ **adjoin**
[ədʒɔ́in]

동 인접하다

❙ The houses adjoin each other. 집들이 서로 인접해 있다.

★★★
☑ **stagger**
[stǽgər]

동 비틀거리다, 동요하다, 주저하다

★★★
☑ **dread**
[dréd]

동 무서워하다, 두려워하다

★★★
☑ **perish**
[périʃ]

동 죽다, 멸망하다

❙ perish with hunger 굶어 죽다

★★
☑ **admonish**
[ədmániʃ]

동 훈계[설유]하다, 충고하다

❙ admonish silence 조용히 하라고 주의를 주다

★★★
☑ **weave**
[wíːv]

동 짜다, 뜨다, 누비고 지나가다

☑ plough
[pláu]

동 땅을 갈다(=plow)

★★★

☑ loiter
[lɔ́itər]

동 빈둥거리다, 어슬렁어슬렁 걷다

| loiter away the afternoon 오후를 빈둥거리며 보내다

★★

☑ drape
[dréip]

동 낙낙하게 덮다, 우아하게 걸치다

★★★

☑ whirl
[hwɔ́:rl]

동 빙글빙글 돌리다, 회전하다

| whirl a top 팽이를 돌리다

★★★

☑ agitate
[ǽdʒitèit]

동 흔들다, 휘젓다, 선동하다

| agitate one's mind 마음을 어지럽히다

★★★

☑ pump
[pʌ́mp]

동 (타이어에) 공기를 넣다, 주입하다

★★

☑ tangle
[tǽŋgl]

동 엉키게 하다, 얽히게 하다

| tangle thread 실을 헝클다

★★★
◪ **behold** [동] 보다, 바라보다
[bihóuld]

★★
◪ **tuck** [동] 밀어 넣다, (소매 등을) 걷어올리다
[tʌ́k]

★★★
◪ **rack** [동] 괴롭히다, 고문하다
[rǽk]
▌be racked by remorse 양심의 가책으로 고통을 겪다

★★
◪ **impart** [동] (지식, 비밀을) 알리다
[impɑ́:rt]
▌impart a secret 비밀을 알리다

★★★
◪ **discern** [동] 식별하다, 분별하다
[disə́:rn]
▌discern good from bad 선악을 분별하다

★★★
◪ **bestow** [동] 주다, 수여하다, 증여하다
[bistóu]
▌bestow a prize 상을 수여하다

★★★
◪ **slumber** [동] 자다, 선잠을 자다
[slʌ́mbər]

★★★
☑ **lurk**
[lə́ːrk]
동 숨다, 잠복하다

▮ lurk in the mountains 산악 지대에 잠복하다

★★★
☑ **lather**
[lǽðər]
동 (비누가) 거품이 일다

★★★
☑ **soothe**
[súːð]
동 진정시키다, 덜어 주다

▮ soothe pain 고통을 덜다

★★★
☑ **tumble**
[tʌ́mbl]
동 넘어지다, 굴러 떨어지다

▮ tumble down the stairs 계단에서 굴러 떨어지다

★★★
☑ **bump**
[bʌ́mp]
동 부딪치다, 마주치다

★★
☑ **caress**
[kərés]
동 애무하다, 어루만지다

▮ caress a child 아이를 쓰다듬다

★★★
☑ **buzz**
[bʌ́z]
동 윙윙거리다, 분주하게 돌아다니다

***
☑ **retain**   동 계속 유지하다, 간직하다
[ritéin]

❚ retain one's right 권리를 보유하다

***
☑ **dedicate**   동 헌납하다, 바치다
[dédikèit]

❚ dedicate one's life 일생을 바치다

***
☑ **scatter**   동 흩뿌리다, 낭비하다
[skǽtər]

***
☑ **deserve**   동 ~할 만하다, ~할 가치가 있다
[dizə́:rv]

❚ deserve attention 주목할 만하다

**
☑ **slam**   동 (문 등을) 쾅 닫다
[slæm]

***
☑ **accompany**   동 동반하다, 동행하다
[əkʌ́mpəni]

❚ be accompanied by a friend 친구를 동반하다

**
☑ **curb**   동 억제하다, 혼내다
[kə́:rb]

***

☑ **overlook**
[òuvərlúk]
동 너그럽게 봐 주다, 못 본 체하다

┃ overlook mistake 허물을 눈감아 주다

**

☑ **certify**
[sə́:rtəfài]
동 증명하다, 인증하다

┃ certify a check 수표의 지급을 보증하다

***

☑ **limp**
[limp]
동 절뚝거리다

***

☑ **dissolve**
[dizálv]
동 용해하다, 녹이다, 분해하다

┃ dissolve salt in water 소금을 물에 녹이다

**

☑ **detain**
[ditéin]
동 못 가게 붙들다, 기다리게 하다

***

☑ **acknowledge**
[æknálidʒ]
동 인정하다, 동의하다

┃ acknowledge one's fault 자기의 잘못을 시인하다

***

☑ **reap**
[ríːp]
동 수확하다, 거둬들이다, 베다

★★
☑ **thwart** 　　　　　　　　통 훼방 놓다, 방해하다
[θwɔ́ːrt]
┃ thwart in his plan 그의 계획을 방해하다

★★★
☑ **scale** 　　　　　　　　통 비늘을 벗기다, 껍질을 벗기다
[skéil]

★★★
☑ **stuff** 　　　　　　　　통 채우다, 음식을 잔뜩 먹이다
[stʌ́f]

★★★
☑ **accumulate** 　　　　　통 모으다, 축적하다
[əkjúːmjulèit]
┃ accumulate a fortune 재산을 모으다

★★★
☑ **stoop** 　　　　　　　　통 웅크리다, 상체를 굽히다
[stúːp]
┃ stoop to pick up a coin 동전을 줍기 위해 몸을 구부리다

★★★
☑ **tremble** 　　　　　　　통 떨리다, 벌벌 떨다
[trémbl]
┃ tremble with fear 두려움에 떨다

★★★
☑ **glitter** 　　　　　　　　통 반짝이다, 반짝반짝 빛나다
[glítər]

✦ dare
★★★

[dέər]

(동) 감히 ~하다, 과감히 ~하다

❚ dare to risk one's life 감히 죽음을 무릅쓰다

✦ stitch
★★★

[stítʃ]

(동) 꿰매다, 감치다

❚ stitch up a rent 헤진 곳을 꿰매다

✦ grant
★★★

[grǽnt]

(동) 주다, 수여하다, 승인하다

❚ grant permission 허가해 주다

✦ sneeze
★★

[sníːz]

(동) 재채기하다

✦ shudder
★★★

[ʃʌ́dər]

(동) 벌벌 떨다

❚ shudder to think of ~ ~을 생각하고 몸서리치다

✦ loaf
★

[lóuf]

(동) 빈둥거리며 지내다

✦ prescribe
★★★

[priskráib]

(동) (약을) 처방하다, 규정하다

★★★
◪ **tease** [동] 괴롭히다, 놀리다, 조르다
[tíːz]
▌tease a person for a thing ~에게 물건을 달라고 조르다

★★★
◪ **squeeze** [동] 압착하다, 짜내다
[skwíːz]
▌squeeze juice from an orange 오렌지에서 과즙을 짜내다

★★★
◪ **wither** [동] 시들다, 말라빠지다
[wíðər]

★★★
◪ **mutter** [동] 중얼거리다, 불평을 말하다
[mʌ́tər]
▌mutter against a person ~에 대해 불평을 말하다

★★
◪ **stink** [동] 악취를 풍기다
[stíŋk]

★★
◪ **unfold** [동] 펴다, 펼치다, 표명하다
[ʌnfóuld]
▌unfold a map 지도를 펴다

★★★
◪ **confine** [동] 한정하다, 제한하다, 가두다
[kənfáin]

★
☑ **instigate** (동) 유발시키다, 조장하다
[ínstəgèit]

★★★
☑ **subdue** (동) 정복하다, 진압하다
[səbdʲúː]
▎subdue a rebellion 내란을 진압하다

★★★
☑ **revive** (동) 소생하게 하다, 기운 나게 하다
[riváiv]
▎revive from a swoon 의식을 되찾다

★★★
☑ **drag** (동) (무거운 것을) 끌다, 질질 끌다
[dræg]

★
☑ **duck** (동) 머리를 확 숙이다
[dʌk]

★★★
☑ **yawn** (동) 하품하다
[jɔːn]
▎make a person yawn ~을 지루하게 만들다

★★
☑ **nag** (동) 성가시게 잔소리하다
[næg]
▎nag one's husband to death 바가지를 긁어 남편을 못살게 하다

***
☑ **motion**
[móuʃən]

동 몸짓으로 신호하다

***
☑ **seize**
[síːz]

동 꽉 쥐다, 붙들다, 빼앗다

❚ seize a rope 밧줄을 꽉 붙잡다

**
☑ **unload**
[ʌnlóud]

동 짐을 내리다

❚ unload goods from a truck 트럭에서 짐을 내리다

***
☑ **preside**
[prizáid]

동 지배하다, 통솔[총괄]하다

❚ preside over the business of a firm 회사 업무를 관장하다

**
☑ **intoxicate**
[intáksikèit]

동 취하게 하다, 흥분시키다

***
☑ **flourish**
[flə́ːriʃ]

동 번창하다, 융성하다, 꽃피다

**
☑ **reinforce**
[rìːinfɔ́ːrs]

동 강화[보강]하다, 보충하다

❚ reinforce a wall with mud 진흙으로 벽을 보강하다

★★★
◪ **grumble** [동] 투덜거리다, 불평하다
[grʌ́mbl]
▌grumble for wine 술이 없다고 불평하다

★★
◪ **sprout** [동] 싹트다, 나기 시작하다
[spráut]

★
◪ **bluff** [동] 허세 부리다, 속이다
[blʌ́f]

★★★
◪ **diminish** [동] 감소하다, 줄다
[dimíniʃ]
▌diminish in speed 속도가 떨어지다

★★★
◪ **grin** [동] 이를 드러내고 빙긋 웃다
[grín]

★★
◪ **relish** [동] 즐기다, 기쁘게 생각하다
[réliʃ]
▌relish a long journey 긴 여행을 즐기다

★★★
◪ **appropriate** [동] 충당하다, 착복하다
[əpróuprièit]
▌appropriate the money to payment 그 돈을 지불에 충당하다

★★
☑ **bleach**
[blíːtʃ]
    동 표백하다, 희게 하다

★★★
☑ **migrate**
[máigreit]
    동 이주하다, 이동하다

★★★
☑ **elaborate**
[ilǽbərèit]
    동 상세히 말하다, 애써 말하다

❙ elaborate on an idea 어떤 생각을 상세히 설명하다

★★
☑ **mow**
[móu]
    동 베다, 베어 들이다

❙ mow grass 풀을 베다

★
☑ **backfire**
[bǽkfàiər]
    동 실패하다, 역화하다

★★★
☑ **scrape**
[skréip]
    동 문지르다, 스쳐 상처를 내다

❙ scrape one's knee 무릎이 스쳐 까지다

★★
☑ **bully**
[búli]
    동 약한 사람을 겁주다, 괴롭히다

❙ bully the weak 약자를 괴롭히다

★★★
◪ **console** [동] 위로하다, 위문하다
[kənsóul]
▌console one's grief 슬픔을 달래다

★★★
◪ **scorn** [동] 경멸하다, 멸시하다
[skɔ́ːrn]

★★
◪ **stun** [동] 기절시키다, 어리둥절하게 하다
[stʌ́n]
▌be stunned by the fall 쓰러져 인사불성이 되다

★★★
◪ **thrust** [동] 밀치다, 헤치고 나가다
[θrʌ́st]

★★
◪ **simmer** [동] 부글부글 끓다, 막 터지려고 하다
[símər]

★★★
◪ **disguise** [동] 변장[위장]시키다
[disgáiz]
▌disguise oneself with a wig 가발로 변장하다

★★★
◪ **defy** [동] 무시하다, 공공연히 반대하다
[difái]
▌defy majority rule 다수결에 따르지 않다

★★
☑ **slick**
[slík]
⟲ 매끈하게 하다

★
☑ **sniffle**
[snífl]
⟲ 코를 훌쩍이다

★★★
☑ **droop**
[drúːp]
⟲ 축 늘어지다, 시들다

❚ droop with sorrow 슬퍼서 의기소침하다

★★
☑ **evaporate**
[ivǽpərèit]
⟲ 증발하다, 기화하다

★★
☑ **formulate**
[fɔ́ːrmjulèit]
⟲ 공식화하다, 명확히 말하다

❚ formulate a theory 이론을 체계적으로 나타내다

★★
☑ **verify**
[vérəfài]
⟲ 증명하다, 입증하다

❚ verify the news 뉴스의 진위를 따지다

★
☑ **nauseate**
[nɔ́ːzièit]
⟲ 구역질나게 하다

❚ be nauseated by seasickness 배멀미로 속이 메쓰껍다

suffice
★★★
[səfáis]
동 충분하다, 족하다

penetrate
★★★
[pénətrèit]
동 꿰뚫다, 관통하다, 스며들다
┃ penetrate a person's mind ~의 마음을 꿰뚫어 보다

chuckle
★★★
[tʃʌ́kl]
동 킬킬 웃다

suppress
★★★
[səprés]
동 억압[진압]하다, 가라앉히다
┃ suppress one's feelings 감정을 가라앉히다

frown
★★★
[fráun]
동 눈살을 찌푸리다, 난색을 표하다

solicit
★★
[səlísit]
동 간청하다, 구걸하다
┃ solicit for help 원조를 요청하다

repose
★★★
[ripóuz]
동 쉬다, 쉬게 하다
┃ repose on a couch 긴 의자에서 쉬다

★★★
☑ **ply**
[plái]

(동) 부지런히 움직이다, 정기적으로 다니다

❚ ships plying between the two cities 두 도시 사이를 운항하는 배

★★★
☑ **stall**
[stɔ́ːl]

(동) 꼼짝 못하다

❚ be stalled in a snowdrift 눈더미에 파묻혀 꼼짝 못하다

★★★
☑ **howl**
[hául]

(동) (늑대 등이) 긴 소리로 짖다

★
☑ **foil**
[fɔ́il]

(동) 좌절시키다, 실패시키다

❚ foil a bunt attempt 희생타를 저지하다

★★
☑ **gauge**
[géidʒ]

(동) 측정하다, 재다

★★★
☑ **saddle**
[sǽdl]

(동) 안장을 얹다, (책임을) 지우다

❚ saddle a horse 말에 안장을 얹다

★
☑ **nab**
[nǽb]

(동) 잡다, 움켜쥐다, 거머잡다

★★★
◪ moonlight
[동] 부업을 하다

[mú:nlàit]

▌moonlight as a bartender 바텐더로 야간 아르바이트를 하다

★
◪ reimburse
[동] 변상하다, 상환하다

[rì:imbə́:rs]

★★★
◪ sway
[동] 흔들리다, 동요하다

[swéi]

▌be swayed by sentiment 감정에 동요되다

★★★
◪ swell
[동] 부풀게 하다, 붓게 하다

[swél]

★★
◪ saturate
[동] 흠뻑 적시다, 과잉 공급하다

[sǽtʃərèit]

▌saturate a handkerchief with water 손수건에 물을 적시다

★
◪ infatuate
[동] 얼빠지게 하다, 열중하게 하다

[infǽtʃuèit]

★★
◪ undermine
[동] 몰래 손상시키다, ~의 밑을 파다

[ʌ̀ndərmáin]

▌undermine the situation 상황을 악화시키다

★★★
☑ **shriek**
[ʃríːk]
동 비명을 지르다

┃ shriek with pain 통증으로 비명을 지르다

★★
☑ **domesticate**
[dəméstikèit]
동 (동물을) 길들이다

★★★
☑ **slant**
[slǽnt]
동 기울다, 경사지다

┃ slant to the right 오른쪽으로 기울다

★★
☑ **mug**
[mʌ́g]
동 습격하다

★
☑ **deport**
[dipɔ́ːrt]
동 추방하다

┃ be deported from the country 국외로 추방당하다

★★
☑ **stalk**
[stɔ́ːk]
동 가만히 뒤를 밟다

★
☑ **deviate**
[díːvièit]
동 벗어나다, 일탈하다

┃ deviate from the custom 관습에서 벗어나다

☑ **lobby**   통 압력을 가하다, 로비 활동을 하다
[lábi]
★★★

☑ **hibernate**   통 동면하다, 겨울잠을 자다
[háibərnèit]
★

☑ **pant**   통 헐떡거리다, 갈망하다
[pǽnt]
★★★

❚ pant to go abroad 외국에 가기를 열망하다

☑ **paralyze**   통 마비시키다, 쓸모 없게 만들다
[pǽrəlàiz]
★★★

☑ **waver**   통 동요하다, 주저하다
[wéivər]
★★

❚ waver in one's determination 결단을 못 내리고 어물거리다

☑ **fling**   통 세차게 던지다, 퍼붓다
[flíŋ]
★★★

❚ fling a pair of dice 한 쌍의 주사위를 던지다

☑ **manipulate**   통 조종하다, 교묘하게 다루다
[mənípjulèit]
★★

❚ manipulate public opinion 여론을 조작하다

★★
◪ **depict** [동] 그리다, 묘사하다
[dipíkt]
▌depict him as a hero 그를 영웅으로 묘사하다

★★★
◪ **bare** [동] 드러내다
[bέər]
▌bare one's teeth 이를 드러내다

★★★
◪ **slate** [동] 예정하다, 계획하다
[sléit]

★★
◪ **tow** [동] 밧줄로 이동하다[잡아당기다]
[tóu]

★★
◪ **trespass** [동] 불법 침입하다, 폐를 끼치다
[tréspəs]
▌trespass on a person's privacy ~의 사생활을 침해하다

★
◪ **gravitate** [동] (무언가에) 자연히 끌리다
[grǽvətèit]

★★
◪ **wane** [동] 약해지다, 작아지다
[wéin]
▌His popularity has waned. 그의 인기는 기울었다.

***
inflict   동 (고통, 타격 등을) 주다
[inflíkt]

▍ inflict heavy penalty upon ~ ~에게 중형을 과하다

*
pinpoint   동 정확히 지적하다
[pínpɔ̀int]

*
topple   동 비틀거리다, 넘어지다
[tápl]

▍ topple to the ground 땅에 넘어지다

*
skew   동 비스듬하게 하다, 빗나가다
[skjú:]

**
exemplify   동 예증하다
[igzémpləfài]

**
eradicate   동 근절하다
[irǽdəkèit]

▍ eradicate corruption 부패를 뿌리 뽑다

***
steer   동 조종하다, 향하다, 나아가다
[stíər]

▍ steer a ship westward 배를 서쪽으로 돌리다

***
☑ **resume**　　　　　⑤ 다시 시작하다, 다시 차지하다
[rizúːm]

▌ resume conversation 이야기를 다시 시작하다

**
☑ **amplify**　　　　　⑤ 확대하다, 상세히 설명하다
[ǽmpləfài]

***
☑ **gasp**　　　　　⑤ (충격 등으로) 숨이 막히다
[gǽsp]

▌ gasp in amazement 놀란 나머지 숨이 막히다

**
☑ **curtail**　　　　　⑤ 삭감하다, 단축하다
[kərtéil]

▌ curtail expenditures 경비를 삭감하다

***
☑ **graze**　　　　　⑤ 풀을 뜯어 먹다
[gréiz]

**
☑ **dwindle**　　　　　⑤ 점점 작아지다
[dwíndl]

**
☑ **inflate**　　　　　⑤ 부풀게 하다
[infléit]

▌ inflate the lungs 폐를 부풀게 하다

☑ **handpick** ⭐
[hǽndpík]
(동) 손으로 따다, 주의해서 고르다

☑ **harbor** ⭐⭐⭐
[háːrbər]
(동) 숨겨 주다, 마음에 품다
❙ harbor the refugees 피난민에게 거처를 제공하다

☑ **perch** ⭐⭐⭐
[pə́ːrtʃ]
(동) (새를) 앉게 하다, ~에 앉다

☑ **tantalize** ⭐
[tǽntəlàiz]
(동) 애타게 하다

☑ **pare** ⭐⭐
[pɛ́ər]
(동) 껍질을 벗기다
❙ pare an apple 사과를 깎다

☑ **capsize** ⭐
[kǽpsaiz]
(동) 전복시키다
❙ capsize a boat 배를 뒤집다

☑ **denounce** ⭐⭐
[dináuns]
(동) 공연히 비난하다
❙ denounce a heresy 이교를 탄핵하다

★
☑ **pamper**
[pǽmpər]
    (동) 하고 싶은 대로 하게 하다

❚ pamper a child 아이의 응석을 받아 주다

★
☑ **bolster**
[bóulstər]
    (동) 지지하다, 기운 내게 하다

★★
☑ **germinate**
[dʒə́:rmənèit]
    (동) 싹이 트다, 발아하다

★
☑ **crisscross**
[krískrɔ̀:s]
    (동) 십자를 그리다, 교차하다

★★
☑ **hamper**
[hǽmpər]
    (동) 방해하다

❚ hamper development 발달을 저해하다

★★
☑ **hoist**
[hɔ́ist]
    (동) 올리다, 들어올리다

❚ hoist sails 돛을 올리다

★★
☑ **gnaw**
[nɔ́:]
    (동) 갉다, 물어 끊다

❚ gnaw into a wall 갉아서 벽에 구멍을 내다

★
☑ **squander** 통 낭비하다
[skwándər]
❚ squander one's fortune 가산을 탕진하다

★★
☑ **congregate** 통 모이다, 집합하다
[káŋgrigèit]

★
☑ **abdicate** 통 포기하다, 버리다
[ǽbdəkèit]
❚ abdicate the crown 퇴위하다

★★
☑ **wring** 통 쥐어짜다, 비틀다
[ríŋ]

★★
☑ **collaborate** 통 합작하다, 공동으로 일하다
[kəlǽbərèit]
❚ collaborate on a work with a person ~와 공동으로 일하다

★★
☑ **revere** 통 존경하다, 숭배하다
[rivíər]

★★
☑ **entangle** 통 뒤얽히게 하다, (함정 등에) 빠뜨리다
[intǽŋgl]
❚ get entangled with a bad woman 나쁜 여자에게 걸리다

★★
◪ **ferment** [동] (술 등을) 발효시키다
[fərmént]

★★
◪ **inhibit** [동] 억제하다
[inhíbit]
▮ inhibit one's desire for power 권력욕을 억제하다

★
◪ **quadruple** [동] ~을 4배로 하다
[kwɑdrú:pl]

★★
◪ **harass** [동] 괴롭히다, 귀찮게 굴다
[həræ̍s]
▮ harass the rear 후방을 교란하다

★
◪ **airlift** [동] 공수하다, 항공 보급하다
[ɛ́ərlìft]

★★
◪ **evoke** [동] 불러일으키다
[ivóuk]
▮ evoke sympathy 동정심을 자아내다

★★★
◪ **clutch** [동] 꽉 잡다
[klʌ́tʃ]
▮ clutch power 권력을 쥐다

★
◪ **penalize** [동] 벌칙을 적용하다, 벌 주다
[píːnəlàiz]

★★
◪ **crave** [동] 간청하다, 열망하다
[kréiv]
▮ crave pardon 용서를 빌다

★★★
◪ **haunt** [동] (유령 등이) 출몰하다
[hɔ́ːnt]

★★★
◪ **fan** [동] 선동하다, 부추기다
[fǽn]
▮ fan emotions 감정을 부추기다

★★★
◪ **esteem** [동] 존경하다, 존중하다
[istíːm]
▮ esteem one's advice highly ~의 충고를 매우 존중하다

★
◪ **understate** [동] 삼가면서 말하다
[ʌ̀ndərstéit]

★
◪ **decipher** [동] 풀다, 해독하다
[disáifər]
▮ decipher a code 암호를 풀다

★★
◪ **distill** [동] 증류하다, 증류하여 ~로 만들다
[distíl]

★
◪ **encompass** [동] 포위하다, 포함하다
[inkʌ́mpəs]

★
◪ **intimidate** [동] 협박하다, 겁주다
[intímədeit]
▌be intimidated into yielding 공갈에 복종하다

★
◪ **reprimand** [동] 질책하다
[répr əmæ̀nd]
▌reprimand for his carelessness 부주의를 질책하다

★★
◪ **undo** [동] (매듭 등을) 풀다, 원상태로 돌리다
[ʌndúː]
▌undo a parcel 소포를 풀다

★★
◪ **chauffeur** [동] 운전사로 일하다
[ʃoufə́r]

★
◪ **authenticate** [동] ~가 진짜임을 증명하다
[əːθéntikèit]
▌authenticate the source 출처를 밝히다

★
preclude
[priklú:d]
(동) 일어나지 않게 하다, 방해하다

▎ preclude all doubts 의심의 여지가 없다

★
bulldoze
[búldòuz]
(동) 불도저로 제거하다, 강행하다

★
implicate
[ímplikèit]
(동) 관련시키다, 연루시키다

▎ be implicated in a crime 범죄에 연루되다

★★★
weigh
[wéi]
(동) 검토하다, 무게를 달다

▎ weigh well before deciding 잘 생각하고 결정하다

★★★
hover
[hʌ́vər]
(동) 배회하다, 공중을 맴돌다

▎ hover between life and death 생사의 기로에서 헤매다

★
explicate
[ékspləkèit]
(동) 설명하다

★★
glisten
[glísn]
(동) 반짝반짝 빛나다, 반짝이다

★★★
☑ **pluck**   동 뽑다
[plʌ́k]

┃ pluck up the weeds 잡초를 뽑아 내다

★
☑ **bespeak**   동 나타내다
[bispíːk]

★
☑ **recap**   동 요점을 되풀이하다, 요약하다
[ríːkæ̀p]

★★
☑ **deplore**   동 비탄하다
[diplɔ́ːr]

┃ deplore death 죽음을 애도하다

★★
☑ **construe**   동 ~의 뜻으로 파악하다
[kənstrúː]

★★
☑ **embroider**   동 수놓다
[imbrɔ́idər]

┃ embroider with gold thread 금실로 수놓다

★
☑ **zip**   동 힘차게 나아가다
[zip]

┃ zip along the street 거리를 힘차게 나아가다

★
☐ **tarnish** 동 변색시키다, 흐리게 하다
[tɑ́ːrniʃ]
┃ tarnish fair name 이름을 더럽히다

★
☐ **rescind** 동 무효로 하다, 폐지하다
[risínd]
┃ rescind an agreement 협정을 백지화하다

★
☐ **mastermind** 동 주모자로서 지휘하다
[mǽstərmàind]

★
☐ **bicker** 동 말다툼하다
[bíkər]

★
☐ **reciprocate** 동 보답하다, 교환하다
[risíprəkèit]

★★
☐ **infuse** 동 붓다, 주입하다
[infjúːz]
┃ infuse a liquid into a vessel 그릇에 액체를 부어 넣다

★★★
☐ **implore** 동 간청하다, 애원하다
[implɔ́ːr]
┃ implore forgiveness 용서를 간청하다

★★★
◪ **swarm** [동] 들끓다, 떼를 짓다
[swɔ́:rm]
▮ swarm with maggots 구더기가 득시글하다

★
◪ **procrastinate** [동] 연기하다, 미루다
[proukrǽstənèit]

★★★
◪ **dip** [동] (살짝) 담그다
[díp]

★
◪ **juxtapose** [동] 병렬하다, 병치하다
[dʒʌ́kstəpòuz]

★★
◪ **appease** [동] 달래다, 진정시키다
[əpí:z]
▮ appease the souls 넋을 달래다

★
◪ **retaliate** [동] 보복하다, 응수하다
[ritǽlièit]
▮ retaliate on one's enemy 적에게 복수하다

★
◪ **recoup** [동] 회복하다, 되찾다
[rikú:p]
▮ recoup one's strength 힘을 회복하다

★★★
◪ **creep** [동] 살금살금 기다
[krí:p]

★★
◪ **abhor** [동] 매우 싫어하다
[æbhɔ́:r]

★★★
◪ **procure** [동] 획득하다, 입수하다
[prəkjúər]
▌procure evidence 증거를 입수하다

★
◪ **disseminate** [동] ~을 퍼뜨리다
[disémənèit]
▌disseminate false reports 거짓 풍설을 유포하다

★
◪ **revamp** [동] 개조하다, 쇄신하다
[rì:vǽmp]
▌revamp the cabinet 내각을 개편하다

★★
◪ **avenge** [동] 복수하다, 원수를 갚다
[əvéndʒ]

★
◪ **rectify** [동] 개정하다, 고치다
[réktəfài]
▌rectify a mistake 오류를 시정하다

★★★
◪ **trim** [동] 삭감하다, 다듬다
[trím]
▮ trim a budget 예산을 삭감하다

★★
◪ **embrace** [동] 포옹하다, 기꺼이 받아들이다
[imbréis]
▮ embrace a child tenderly 아이를 부드럽게 껴안다

★
◪ **recuperate** [동] 회복하다, 건강해지다
[rikjú:pərèit]
▮ recuperate at a hot spring 온천에서 병후 정양을 하다

★★
◪ **crouch** [동] 쪼그리다, 웅크리다
[kráutʃ]

★
◪ **edify** [동] 교화하다, 계발하다
[édəfài]

★★★
◪ **devour** [동] 탐독하다, 게걸스레 먹다
[diváuər]
▮ devour a novel 소설을 탐독하다

★★
◪ **cloister** [동] 수도원에 가두다, 틀어박히다
[klɔ́istər]

★
☑ encroach   동 침범하다, 침해하다
[inkróutʃ]

▌ encroach on another's rights 남의 권리를 침해하다

★★
☑ coax   동 구슬려서 ~시키다
[kóuks]

▌ coax a child to school 아이를 구슬려서 학교에 보내다

★★★
☑ quench   동 (갈증 등을) 가시게 하다
[kwéntʃ]

★
☑ nix   동 거절하다, 금하다
[níks]

▌ nix the project 계획에 동의하지 않다

★
☑ decimate   동 많은 사람을 죽이다
[désəmèit]

★
☑ zap   동 (단숨에) 해치우다, 때리다
[zǽp]

★★
☑ bawl   동 소리치다, 고함치다
[bɔ́ːl]

▌ bawl at furiously 악을 쓰며 소리지르다

★★
☑ **covet**   통 갈망하다, 몹시 탐내다
[kʌ́vit]

┃ covet fame and gain 명예와 이익을 탐하다

★★★
☑ **reproach**   통 나무라다, 책망하다
[ripróutʃ]

┃ reproach for his carelessness 부주의를 책망하다

★★
☑ **hoard**   통 저장하다, 축적하다
[hɔ́ːrd]

★
☑ **orchestrate**   통 작곡(편곡)하다, 조정하다
[ɔ́ːrkəstrèit]

★
☑ **capitulate**   통 항복하다
[kəpítʃulèit]

★★★
☑ **quiver**   통 부르르 떨다
[kwívər]

┃ quiver with fear 공포에 떨다

★★★
☑ **torment**   통 괴롭히다, 곤란하게 하다
[tɔ́ːrmént]

┃ be tormented with remorse 양심의 가책으로 괴로워하다

☑ **earmark** ⭐
[íərmὰːrk]

(동) (자금 등을 특정한 목적에) 배당하다

┃ earmark a lot of money for research 많은 돈을 연구비로 배당하다

☑ **trumpet** ⭐⭐⭐
[trʌ́mpit]

(동) 나팔을 불다, 퍼뜨리다

☑ **galvanize** ⭐
[gǽlvənàiz]

(동) 자극하다, 활기를 띠게 하다

☑ **condone** ⭐
[kəndóun]

(동) 용서하다

┃ condone sin 죄를 용서하다

☑ **regress** ⭐
[rigrés]

(동) 되돌아가다, 복귀하다

☑ **scoff** ⭐⭐
[skɔ́ːf]

(동) 비웃다

┃ scoff at their beliefs 그들의 믿음을 비웃다

☑ **eavesdrop** ⭐
[íːvzdrὰp]

(동) 엿듣다

┃ eavesdrop at the door 문에 서서 엿듣다

★★
☑ **permeate**   동 투과하다, 스며들다
[pə́:rmièit]

┃ sunshine permeating the room 방에 들어온 햇빛

★★
☑ **broach**   동 (이야기를) 끄집어내다
[broutʃ]

┃ a matter hard to broach 꺼내기 어려운 말

★★
☑ **ensue**   동 뒤이어 일어나다
[insú:]

★★
☑ **stipulate**   동 조건으로 ~을 요구하다
[stípjulèit]

★★
☑ **entrust**   동 맡기다, 위임하다
[intrʌ́st]

┃ be entrusted with an important mission 중임을 맡다

★★
☑ **baffle**   동 당혹시키다, 좌절시키다
[bǽfl]

┃ baffle a person's plan ~의 계획을 좌절시키다

★
☑ **garner**   동 모으다, 저축하다
[gá:rnər]

★★
◪ **mortify** [동] 억제하다, 굴욕을 주다
[mɔ́ɚtəfài]
▌mortify the flesh 육욕을 억제하다

★
◪ **ransack** [동] 샅샅이 뒤지다, 빼앗다
[rǽnsæk]
▌ransack the house 집안을 샅샅이 뒤지다

★★
◪ **insinuate** [동] ~임을 둘러서 말하다
[insínjuèit]

★
◪ **substantiate** [동] 입증하다, 구체화하다
[səbstǽnʃièit]
▌substantiate a charge 혐의를 입증하다

★★
◪ **elapse** [동] (시간이) 경과하다
[ilǽps]

★★★
◪ **beam** [동] 빛나다, 기쁨으로 빛나다
[bí:m]
▌beam with joy 기뻐서 벙글거리다

★
◪ **underpin** [동] 지지하다, 실증하다
[ʌ̀ndəɚpín]

★
◪ **debilitate** [동] 쇠약하게 하다
[dibílətèit]

★★
◪ **beset** [동] 몰려들다, 괴롭히다
[bisét]
▌be beset with troubles 근심에 싸이다

★
◪ **unleash** [동] 속박을 풀다
[ʌnlíːʃ]
▌unleash a dog 개를 놓아 주다

★★
◪ **flaunt** [동] (부 · 지식 등을) 과시하다
[flɔ́ːnt]
▌flaunt one's authority 권력을 휘두르다

★
◪ **undercut** [동] (경쟁자보다도) 싸게 팔다
[ʌ́ndərkʌ̀t]

★
◪ **subpoena** [동] 소환하다
[səbpíːnə]

★
◪ **liquidate** [동] 청산하다
[líkwidèit]
▌liquidate a company 회사를 청산하다

★
◪ **elucidate** [동] 해명하다, 명료하게 하다
[ilú:sədèit]

★
◪ **accede** [동] 응하다, 동의하다
[æksí:d]
▮ accede to terms 조건에 응하다

★
◪ **foment** [동] 선동하다, 조장하다
[foumént]

★
◪ **disparage** [동] 얕보다, 헐뜯다
[dispǽridʒ]
▮ disparage achievement 성과를 헐뜯다

★
◪ **inter** [동] 매장하다
[intə́:r]

★★
◪ **surmount** [동] 오르다, 극복하다
[sərmáunt]
▮ surmount difficulties 어려움을 극복하다

★
◪ **propound** [동] 제출하다, 제의하다
[prəpáund]
▮ propound a theory 이론을 제기하다

★
☑ **inure** 　　　　(동) 익히다, 단련하다
[inʤúər]
❙ be inured to distress 고난에 단련되어 있다

★★
☑ **bequeath** 　　　　(동) 유언으로 증여하다
[bikwíːð]
❙ bequeath a fortune 재산을 남기다

★
☑ **unravel** 　　　　(동) 풀다, 해결하다
[ʌnrǽvəl]
❙ unravel a mystery 수수께끼를 풀다

★
☑ **haggle** 　　　　(동) (값 등을) 끈질기게 깎다
[hǽgl]

★
☑ **recant** 　　　　(동) (신앙·주장 등을) 고치다, 취소하다
[rikǽnt]

★
☑ **castigate** 　　　　(동) 징계하다, 벌주다
[kǽstəgèit]

★★
☑ **balk** 　　　　(동) 방해하다, 망설이다
[bɔ́ːk]
❙ balk a person in his plan ~의 계획을 방해하다

★★★
bolt [동] 급히 달려 나가다
[bóult]
▌bolt out of the room 와다닥 방에서 뛰어나가다

★
defray [동] (비용을) 부담하다, 지불하다
[difréi]
▌defray expenses 비용을 부담하다

★
mesmerize [동] 최면술을 걸다, 매혹시키다
[mézməràiz]

★
dither [동] 당황하다, 안절부절못하다
[díðər]

★★
vindicate [동] 진실성을 입증하다
[víndəkèit]
▌vindicate one's innocence ~의 무죄를 입증하다

★★
expound [동] 자세하게 말하다, 설명하다
[ikspáund]

★★★
adjourn [동] 연기하다, 휴회[산회]하다
[ədʒə́:rn]
▌adjourn a meeting 회의를 연기하다

★★★
☑ **incur**
[inkə́:r]
동 빚을 지다, 초래하다

❚ incur a huge number of debts 산더미 같은 빚을 지다

★
☑ **pulverize**
[pʌ́lvəràiz]
동 가루로 만들다, 부수다

★★
☑ **whiz**
[hwíz]
동 윙 소리나다, 윙 하며 움직이다

★
☑ **replenish**
[ripléniʃ]
동 보충하다, 다시 채우다

❚ replenish one's cup with coffee 컵에 커피를 다시 채우다

★★
☑ **chafe**
[tʃéif]
동 비벼서 따뜻하게 하다

★★
☑ **beguile**
[bigáil]
동 속이다, 속여 빼앗다

❚ beguile a person of his money ~의 돈을 사취하다

★★
☑ **enumerate**
[injúːməreit]
동 열거하다, 낱낱이 세다

❚ enumerate another's faults 남의 결점을 늘어놓다

☑ **deride** ★★
[diráid]
(동) 비웃다, 조롱하다
▌deride a person's efforts 남의 노력을 비웃다

☑ **hamstring** ★
[hǽmstrìŋ]
(동) 무력하게 하다, 좌절시키다

☑ **atrophy** ★
[ǽtrəfi]
(동) 위축되다, 쇠약하게 하다

☑ **redress** ★★
[ridrés]
(동) 시정하다, 바로잡다
▌redress the balance 균형을 회복하다

☑ **decry** ★
[dikrái]
(동) 비난하다, 헐뜯다

☑ **fray** ★★
[fréi]
(동) 닳게 하다
▌the frayed sleeves 닳아 빠진 소매

☑ **huddle** ★★
[hʌ́dl]
(동) 뒤죽박죽 쌓아 올리다
▌huddle toys into a box 장난감을 상자 속에 처넣다

★★
☑ **jeer**　　　　　　　　　　图 조롱하다, 야유하다
[dʒíər]
❚ jeer at a person's idea ~의 생각을 우습게 여기다

★
☑ **immolate**　　　　　　　　图 제물로 바치다, 희생하다
[íməlèit]

★
☑ **chagrin**　　　　　　　　　图 억울하게 하다
[ʃəgrín]
❚ be chagrined by one's failure 실패를 분해 하다

★★
☑ **flop**　　　　　　　　　　　图 펄썩 쓰러지다, 망하다
[fláp]
❚ flop into a chair 의자에 털썩 앉다

★
☑ **fine-tune**　　　　　　　　图 미세하게 조정하다
[fáintjúːn]

★★
☑ **woo**　　　　　　　　　　　图 (남자가 여자에게) 구애하다
[wúː]

★★
☑ **peruse**　　　　　　　　　图 정독하다, 숙독하다
[pərúːz]
❚ peruse a report 보고서를 정독하다

☑ **offset** ★★   동 차감 계산하다, 상쇄하다
[ɔ́:fsèt]
▌ offset losses by gains 이익으로 손실을 상쇄하다

☑ **buck** ★   동 강하게 반항하다
[bʌ́k]
▌ buck against fate 운명에 거역하다

☑ **stash** ★   동 감추다, 살며시 치우다
[stǽʃ]

☑ **chastise** ★★   동 혼내다, 벌하다
[tʃæstáiz]

☑ **cajole** ★   동 부추기다, 감언이설로 속이다
[kədʒóul]
▌ cajole into a consent 감언으로 승낙케 하다

☑ **abate** ★★   동 완화시키다, 감소시키다
[əbéit]

☑ **overhaul** ★★   동 철저하게 조사하다, 수리하다
[ðuvərhɔ́:l]
▌ be overhauled by a doctor 의사의 정밀 검사를 받다

New
Toeic
Vocabulary

03 토익 고득점을
위해 꼭 알아야
할 형용사·부사

☑ old-fashioned
[óuldfǽʃənd]
(형) 구식의, 유행에 뒤떨어진

☑ identical
[aidéntikəl]
(형) 동일한, 꼭 같은
▌the identical person 동일한 사람, 본인

☑ ridiculous
[ridíkjuləs]
(형) 웃기는, 터무니없는, 바보 같은
▌a ridiculous claim 어처구니없는 주장

☑ amazing
[əméiziŋ]
(형) 놀랄 만한, 굉장한

☑ optimistic
[àptəmístik]
(형) 낙천적인, 낙관적인
▌an optimistic view 낙관적인 견해

☑ postal
[póustl]
(형) 우편의, 우체국의

☑ reluctant
[rilʌ́ktənt]
(형) 마음이 내키지 않는
▌make a reluctant answer 떠름하게 대답하다

★★★
☑ **sensible**
[sénsəbl]
(형) 현명한, 분별 있는

▮ a sensible man 지각 있는 사람

★★★
☑ **greedy**
[grí:di]
(형) 욕심 많은, 탐욕스러운

★★★
☑ **faithful**
[féiθfəl]
(형) 성실한, 충실한

★★★
☑ **slender**
[sléndər]
(형) 호리호리한, 모자라는, 빈약한

▮ a slender income 얼마 안 되는 수입

★★
☑ **valid**
[vǽlid]
(형) 근거가 확실한, 정확한, 유효한

▮ a valid conclusion 타당한 결론

★★★
☑ **generous**
[dʒénərəs]
(형) 관대한, 아량 있는

★★★
☑ **inconvenient**
[ìnkənví:njənt]
(형) 불편한, 부자연스러운

▮ an inconvenient place 불편한 장소

smart
[smáːrt] ★★★
(형) 영리한, 눈치 빠른, 맵시 있는

confusing
[kənfjúːziŋ] ★★
(형) 혼란시키는, 당황하게 하는

handy
[hǽndi] ★★★
(형) 바로 곁에 있는, 편리한

a handy reference book 편리한 참고 도서

economical
[èkənámikəl] ★★★
(형) 경제적인, 절약하는

an economical housewife 알뜰한 주부

unwilling
[ʌnwíliŋ] ★★★
(형) 마음 내키지 않는, 마지못해 하는

ironic
[airánik] ★★
(형) 반어적인, 빈정대는

an ironic remark 빈정대는 말

external
[ikstə́ːrnl] ★★★
(형) 외부의, 외면의

external evidence 외적 증거

★
☑ **controversial**
[kɑ̀ntrəvə́:rʃəl]

(형) 논쟁의, 논의의 여지가 있는

★★★
☑ **outstanding**
[àutstǽndiŋ]

(형) 눈에 띄는, 걸출한, 우수한

▮ an outstanding figure 두드러진 인물, 걸물

★★★
☑ **running**
[rʌ́niŋ]

(형) 달리는, 흐르는

★★★
☑ **complex**
[kɑ́mpleks]

(형) 복잡한, 얽히고 설킨

▮ a complex problem 복잡한 문제

★
☑ **cheesy**
[tʃíːzi]

(형) 치즈와 같은, 치즈 맛이 나는

★★★
☑ **horrible**
[hɔ́:rəbl]

(형) 무서운, 끔찍한

▮ a horrible sight 끔찍한 광경

★★★
☑ **visible**
[vízəbl]

(형) (육안으로) 볼 수 있는, 명백한

▮ a visible change 눈에 보이는 변화

***
☑ **awful**   형 지독한, 심한, 무서운
[ɔ́:fəl]

**
☑ **stationary**   형 움직이지 않는, 멈추어 있는
[stéiʃənèri]

❚ a stationary crane 고정식 기중기

***
☑ **industrial**   형 산업(상)의, 공업(상)의
[indʌ́striəl]

❚ an industrial exhibition 산업 박람회

***
☑ **permanent**   형 영속하는, (반)영구적인
[pə́:rmənənt]

***
☑ **medium**   형 중간의, 보통의
[mí:diəm]

❚ a man of medium height 중간 키의 사람

***
☑ **loyal**   형 충성스러운, 성실한
[lɔ́iəl]

***
☑ **extensive**   형 광대한, 넓은
[iksténsiv]

❚ an extensive area 광대한 지역

☑ **odd**
★★★
[ád]
휑 이상한, 기묘한, 기수[홀수]의

☑ **profound**
★★★
[prəfáund]
휑 깊은, 마음에서 우러나는

▮ profound gratitude 심심한 감사

☑ **scary**
★
[skέəri]
휑 겁 많은, 무서운

▮ a scary movie 무서운 영화

☑ **eventually**
★★★
[ivéntʃuəli]
㕮 결국, 드디어

☑ **upset**
★★★
[ʌpsét]
휑 뒤집힌, 혼란에 빠진

☑ **maximum**
★★★
[mǽksəməm]
휑 최대의, 최고의

▮ maximum temperature 최고 기온

☑ **numerous**
★★★
[njú:mərəs]
휑 다수의, 수많은

▮ a numerous army 대군

★★★
☑ **solid**
[sálid]

형 고체의, 견고한

▮ solid fuel 고체 연료

★★
☑ **regional**
[ríːdʒənl]

형 (특정) 지방의, 지방적인

★★★
☑ **favorable**
[féivərəbl]

형 호의적인, 유리한

▮ a favorable comment 호평

★★★
☑ **enormous**
[inɔ́ːrməs]

형 거대한, 엄청난

★★★
☑ **nationwide**
[néiʃənwàid]

형 전국적인

▮ nationwide scale 전국적인 규모

★★★
☑ **prior**
[práiər]

형 (시간·순서가) 이전의, 앞선

▮ a prior condition 전제 조건

★★★
☑ **upright**
[ʌ́práit]

부 똑바로, 수직으로

★★★
☑ **monotonous** 　　(혱) 단조로운, 변화 없는
[mənátənəs]

┃ the monotonous scenery 단조로운 풍경

★★
☑ **nutritious** 　　(혱) 자양분이 있는, 영양이 되는
[nʲuːtríʃəs]

┃ a nutritious meal 영양가 높은 식사

★★★
☑ **dull** 　　(혱) (칼날 등이) 무딘, 단조롭고 지루한
[dʌl]

★★★
☑ **prominent** 　　(혱) 현저한, 걸출한, 유명한
[prámənənt]

┃ a prominent symptom 현저한 징후

★
☑ **usable** 　　(혱) 쓸 수 있는, 쓰기에 편리한
[júːzəbl]

★★★
☑ **barely** 　　(붭) 간신히, 가까스로, 거의 ~않다
[béərli]

★★★
☑ **sober** 　　(혱) 술에 취하지 않은, 침착한, 엄숙한
[sóubər]

┃ a sober occasion 엄숙한 행사

☑ organic
[ɔːrgǽnik]
★★★

혱 유기체의, 생물의, 기관의

▌organic evolution 생물 진화

☑ underway
[ʌ̀ndərwéi]
★

혱 진행 중인, 움직이고 있는

☑ respectfully
[rispéktfəli]
★★

뷔 공손하게, 정중하게

▌say respectfully 정중히 말하다

☑ messy
[mési]
★

혱 난잡한, 지저분한

▌a messy room 지저분한 방

☑ harsh
[háːrʃ]
★★★

혱 거친, 난폭한

☑ bald
[bɔ́ːld]
★★★

혱 머리가 벗어진, 대머리의

☑ medicinal
[mədísənl]
★

혱 약으로 쓰이는, 약효 있는

▌a medicinal herb 약초

★★★
tame [형] 길들인, 유순한, 온순한
[téim]
▌a tame monkey 길들인 원숭이

★★★
hereafter [부] 이후에, 앞으로, 장차
[hìərǽftər]

★★
spacious [형] 넓은, 훤히 트인
[spéiʃəs]
▌a spacious house 널따란 집

★★★
reckless [형] 무모한, 개의치 않는
[réklis]
▌reckless driving 무모한 운전

★★★
fancy [형] 장식적인, 화려한, 고급인
[fǽnsi]

★★
canned [형] 캔에 포장된
[kǽnd]

★★
informative [형] 유익한, 얻을 점이 많은
[infɔ́rmətiv]
▌an informative book 유익한 책

★
☑ **hectic**
[héktik]

⟨형⟩ 몹시 바쁜, 야단법석인

★
☑ **striped**
[stráipt]

⟨형⟩ 줄무늬가 있는

★★
☑ **prospective**
[prəspéktiv]

⟨형⟩ 예상된, 기대되는

▎a prospective candidate 후보 물망에 오른 사람

★★★
☑ **exceedingly**
[iksí:diŋli]

⟨부⟩ 대단히, 아주

▎an exceedingly difficult language 대단히 어려운 언어

★
☑ **oversize**
[ðuvərsáiz]

⟨형⟩ 아주 큰, 대형의

★
☑ **inaccurate**
[inǽkjurət]

⟨형⟩ 정확하지 않은, 틀린

▎an inaccurate translation 부정확한 번역

★★
☑ **rigid**
[rídʒid]

⟨형⟩ 딱딱한, 유연성이 없는

▎rigid opinions 융통성 없는 의견

NEW
TOEIC
VOCABULARY

INDEX
인덱스

C

K

L

M

manipulate	412	Mercury	191
manipulation	165	merger	176
manufacture	149	mesmerize	436
marine	44	messy	450
maritime	238	metabolism	264
market	150	meteor	193
marriage	81	meteorological	214
Mars	191	metropolitan	36
martial law	16	mettle	361
mass	111	microscope	328
mastermind	424	midterm	96
masterpiece	129	migraine	267
mate	317	migrate	405
maternity	281	migration	37
mathematics	99	mild	215
maturity	166	mileage	229
maximum	447	milieu	362
mayor	36	militant	91
meadow	310	military	44
meal	263	military rank	49
measles	270	militia	46
measure	375	mill	323
mechanic	299	mine	50
mechatronics	188	mingle	379
medic	47	minimize	380
medication	279	minister	29
medicinal	450	minor	106
medicine	279	miscarriage	282
meditation	245	mischief	305
medium	446	misdemeanor	63
menace	307	mislead	380
mentality	290	misplace	381
mentor	104	missile	51
merchandise	149	missing	58

N

S

W